Introduction

Le management est une notion globalisante et floue. Elle peut désigner les fonctions de direction, être synonyme d'organisation du travail, de mobilisation et de gestion de la « ressource humaine », ou plus largement encore englober de façon syncrétique la quasi-totalité des activités de l'entreprise qui ne se rapportent pas directement à la technique : gestion quotidienne des aléas de tous ordres survenant dans un service ou un atelier, encadrement et mobilisation d'une équipe, relations avec d'autres secteurs de l'entreprise, organisation et gestion de son temps, voire gestion budgétaire...

Ce petit livre n'a pas l'ambition d'être un nouveau traité sur le management qui prétendrait couvrir l'ensemble de ces activités, en fournissant les schémas et les outils nécessaires. Son objectif est plus modeste : il voudrait poser quelques repères de principes et rendre compte de l'activité de management dans le domaine de la « gestion de la ressource humaine », et plus précisément de l'encadrement d'équipes de travail au sein des services, des ateliers et des bureaux. A l'intérieur d'un cadre juridique et de contraintes donnés, la façon dont est menée cette activité suscite des relations et une ambiance de travail qui sont déterminantes dans la bonne marche de la production.

Ce livre s'appuie sur des enquêtes que nous avons menées auprès des ingénieurs et des cadres dans de grandes entreprises industrielles. Face à la crise que connaît aujourd'hui le management, leurs paroles et leurs pratiques méritent d'être connues et pleinement prises en considération. Elles portent en creux une critique de la façon dont on a tendance à manipuler les salariés, et dessinent une autre façon de les encadrer et de les aider dans leur travail.

Dans le domaine des relations humaines, le management, comme la communication, a été jusqu'à présent largement considéré comme une simple affaire de techniques ou d'outils dont le maniement relèverait de spécialistes déclarés. L'échec de ces outils divers et variés concernant la communication et la mobilisation de la ressource humaine est désormais bien visible. Le management moderniste n'en continue pas moins de chercher désespérément la technique miracle permettant enfin de résoudre une situation qui apparaît de plus en plus inextricable. La déception est à la mesure de ses fantasmes.

Beaucoup de spécialistes du management n'ont bien souvent aucune expérience d'encadrement ou l'ont abandonnée depuis longtemps. Leur formalisme méthodologique et leurs techniques font autorité dans un petit milieu qui évolue entre les instituts de formation, l'activité de conseil auprès de certaines directions d'entreprise et l'université. La place qu'ils occupent désormais dans nombre d'organismes et d'institutions peut tenir lieu d'autorité et de compétences en matière de management.

Leur façon de penser, de parler, d'écrire tend ainsi à devenir hégémonique, entraînant une tendance à la logomachie, au formalisme creux, qui a pour effet d'accentuer la coupure avec l'encadrement de terrain et ceux qu'il dirige. Des objectifs et des problèmes relativement simples deviennent méconnaissables quand ils sont traités à l'aide de tout un vocabulaire faussement savant et de méthodologies formelles qu'on renvoie aux principaux concernés comme des modèles à appliquer. Cela a pour effet de désarçonner et de laisser sans voix ceux qui vivent le management au quotidien dans les ateliers ou les bureaux. A moins que ceux-ci, par souci de leur propre promotion, se mettent à entrer dans le jeu, à prendre les mêmes tics de langage, à copier leurs maîtres en espérant pouvoir être admis parmi eux.

Vidée de toute référence à l'expérience humaine et au métier, de tout contenu structuré de culture générale, la notion même de promotion sociale se pervertit. Elle perd son sens au profit d'une forme renouvelée de l'arrivisme qui passe par l'apprentissage d'un langage codé et de méthodologies formelles. Ceux-ci sont autant de signes de reconnaissance et de distinction entre gens du même monde qui sont persuadés de leur importance et passent leur temps à se congratuler.

Se référant confusément aux découvertes scientifiques et se voulant proches des entreprises, les bricoleurs du comportement humain ont désormais leurs entrées dans les institutions universitaires et de formation. On apprend à des jeunes en fin de scolarité, à des chômeurs, à des salariés en reconversion ou en promotion sociale, les derniers outils à la mode en matière de motivation et de communication. A l'école primaire, on évalue désormais les « compétences transversales », on demande à des enfants de dix ans de « s'auto-évaluer ». Les jeunes en situation d'échec se doivent à présent de passer des « contrats d'objectifs »... Le système lui-même se reproduit : la formation d'animateurs sociaux, de formateurs, d'enseignants... développe un jargon, des méthodologies et des outils construits sur le même modèle que ceux du management moderniste dans les entreprises. Les générations nouvelles sont formées pour agir efficacement, au plus vite et sans états d'âme.

C'est le modèle républicain de promotion sociale et d'éducation permanente qui se trouve de fait mis en question. Les apparences sont sauves : on développe les formations et on continue de délivrer les diplômes, on ressort de temps en temps les grands principes, comme pour mieux se dédouaner. Le système continue de fonctionner apparemment comme avant, mais la pénétration de l'idéologie managériale, ses outils et sa sous-culture en ont sapé l'esprit et le contenu, au point de les rendre méconnaissables. Il suffit d'examiner le contenu des multiples stages s'inscrivant dans le cadre de la promotion sociale pour s'en rendre compte.

Il y a un risque que le vocabulaire du management, sa rhétorique et sa confusion deviennent une sorte de langage convenu et obligé, qu'il s'érige en une sorte de modèle reproductible dans tous les domaines d'activité. Ce risque est celui de la confusion des genres, de la prédominance du formalisme et de la méthodologie, du simulacre et de l'insignifiance.

Les rapports antérieurs de commandement pouvaient être durs et injustes, l'affrontement et les conflits violents, on n'en continuait pas moins de parler un langage qui maintenait le lien, fût-il conflictuel. Les contradictions et les conflits entre dirigeants et dirigés se déployaient en référence à une expérience humaine qui pouvait d'autant plus être comprise qu'une bonne partie de l'encadrement était issue de la base. Les dirigeants et les managers modernistes savent-ils encore parler le même langage que ceux qu'ils ont pour charge d'encadrer ?

Il est grand temps de rompre avec le jargon et la « langue de bois » propres à certains milieux du management et de la formation. Dans ces domaines comme dans les autres, pourquoi chercher à faire compliqué quand on peut faire simple ? Pourquoi employer des notions floues qui se renvoient les unes aux autres dans une véritable logomachie ? Il est pour le moins paradoxal que la critique des formations coupées de la pratique, si prompte à se développer dès qu'il s'agit de la dimension technique, ne semble guère concerner les stages et les cours de management que des jeunes sans expérience viennent écouter religieusement.

Les outils qu'on leur présente en guise de références développent une approche psychologique particulière, celle des théories néo-béhavioristes américaines qui réduisent le fonctionnement de l'être humain à une série de mécanismes élémentaires. L'image de homme motivé et communicant qui se dessine à travers ces outils est celle d'un « être sans intérieur[1] », décomposé et réduit à une série de comportements de base élémentaires dont la connaissance et le maniement appropriés permettraient d'atteindre la plus haute performance. L'illusion consiste alors à croire qu'en connaissant au mieux ces mécanismes on pourrait augmenter l'implication des individus dans le travail et par là même la productivité.

Entre ce bric-à-brac et les réalités du management telles qu'elles sont appréhendées par ceux qui disposent d'une expérience pratique en matière d'encadrement, l'écart nous paraît considérable.

L'inflation des outils est en fait significative de la dissolution d'un certain bon sens au profit d'une approche instrumentale de l'être humain qui, sous prétexte d'efficacité, le dénature. Réduit à des comportements de base élémentaires, l'agir humain perd sa

1. Philippe BRETON, *L'Utopie de la communication,* La Découverte, Paris, 1986 (nouvelle édition : 1995).

signification ; il ne fait pas l'objet d'une compréhension et d'une interprétation, mais donne lieu à un classement élémentaire et à une codification en vue de son utilisation optimale dans une logique – à proprement parler – de manipulation. L'ingéniosité, le bon sens et la sagesse pratique qui amènent les individus à composer au mieux avec les réalités sont déniés au profit du maniement d'une technique toute faite. Dans cette logique, l'échec ne peut être considéré comme réellement formateur : les leçons de la pratique comptent moins que l'apprentissage du maniement d'outils par de multiples stages, perpétuellement recommencés. Comme le dit si bien Hannah Arendt : « Ce qu'il y a de fâcheux dans les théories modernes du comportement, ce n'est pas qu'elles soient fausses, c'est qu'elles peuvent devenir vraies, c'est qu'elles sont, en fait, la meilleure mise en concepts possibles de certaines tendances évidentes de la société moderne[2]. »

Faut-il rappeler à ces bricoleurs du comportement ce qui peut apparaître comme des évidences, mais qui ne l'est point au regard de leurs discours et de leurs pratiques ? L'activité de travail n'est pas une « praxis muette » que le management aurait pour tâche de déclencher et d'optimiser grâce à un certain nombre de *stimuli* bien choisis. Le langage n'est pas un simple outil de mobilisation et de communication assurant l'intendance informationnelle, langage qu'on pourrait déformer à loisir, sur le modèle des techniques commerciales et de la publicité, afin de chercher à obtenir un maximum d'effet.

Cela n'implique pas que les rapports humains dans le travail soient du domaine de l'indicible et qu'ils

2. Hannah ARENDT, *Condition de l'homme moderne*, Calmann-Lévy, Paris, 1988, p. 401.

ne peuvent changer en quoi que ce soit. Mais on ne saurait les considérer comme de simples « facteurs » ou « paramètres » qu'il suffirait d'intégrer dans ses calculs. Les difficultés à mettre la « ressource humaine » au service de l'optimum productif sont là pour le rappeler. La déstructuration du langage, la multiplication des outils et la fascination qu'ils semblent exercer chez certains cadres ont contribué en fait à développer l'incompréhension et le malaise dans les entreprises. Si une rationalisation du travail est nécessaire, elle ne saurait s'effectuer au prix de la négation de ce qui peut faire sens pour celui qui travaille.

Avant toute chose, force est de reconnaître que le travail en entreprise correspond à la nécessité de subsistance. Que le travail ne se limite pas à ce seul aspect, qu'il intervienne comme un des facteurs structurant de l'identité individuelle et collective, ne saurait pour autant faire oublier cette dimension première, comme tend à le faire tout un courant du management. L'individu confère à son travail une signification qui lui est propre, mène son activité, tisse des liens de façon autonome à l'intérieur d'un cadre et de normes fixés ; de cela on ne saurait prétendre se rendre maître à la manière d'une machine dont on contrôlerait le bon fonctionnement et assurerait la maintenance. L'importance que l'individu donne à son activité professionnelle par rapport aux autres activités sociales et privées relève de sa liberté personnelle, de la façon dont il entend, dans des conditions données, mener sa propre vie. Dans ce domaine, le surinvestissement des cadres dans le travail, qui finit par appauvrir leur vie et déboucher sur des pathologies nouvelles, ne saurait être considéré comme un modèle.

Faute de la prise en compte de ces dimensions, le management de la ressource humaine se condamne à osciller entre des techniques manipulatoires et un discours creux sur l'éthique. N'aurions-nous le choix qu'entre les méthodes à l'anglo-saxonne et le retour d'un paternalisme bien de chez nous ?

Il existe parfois chez certains cadres une sorte de croyance naïve : leur forte motivation et implication dans le travail, leur essentielle bonne volonté appuyée par le développement des outils de toutes sortes devraient permettre de résoudre l'essentiel des difficultés qu'ils rencontrent avec leurs subordonnés. Ce curieux mélange de deux cultures – « scout » et technicienne – paraît aveugle sur les effets de déstabilisation des individus et des collectifs de travail qu'il peut entraîner. Ce ne sont pas les intentions généreuses et les objectifs d'efficacité qui sont en cause, mais la cécité concernant l'écart qui peut exister entre leur état d'esprit, leurs préoccupations et ceux des personnes qu'ils ont pour charge d'encadrer.

On retrouve, dans ce domaine du comportement et des relations humaines, le mirage d'un savoir total et d'une maîtrise totale, sans reste, de l'activité. Le taylorisme, s'il constitue un archétype dans ce domaine, n'est pas seul concerné. Réduit à la parcellisation extrême des tâches et au chronométrage, celui-ci paraît aujourd'hui dépassé et sa critique est devenue un lieu commun. Le management moderniste a su, plus ou moins habilement, se présenter comme l'exact contrepoint du taylorisme en déclarant prendre pleinement en compte le facteur humain. Et c'est du reste ce qu'il fait à sa façon, en ne remettant pas en cause la représentation de l'homme au travail véhiculée par le taylorisme : les « mythes unificateurs », les « valeurs », les « sentiments positifs et négatifs », le « cerveau gauche et le cerveau droit »... sont autant de paramètres nouveaux à intégrer dans une même mécanique.

Frederick W. Taylor, ingénieur de son métier, se voulait un philantrope travaillant pour le plus grand bonheur de l'humanité, et, à s'en tenir à ses déclarations en la matière, il n'y a pas de raison de le prétendre mal intentionné. C'est à l'exposé précis de sa « méthode scientifique » et aux cas concrets d'application qu'on commence sérieusement à en douter. L'alliance de l'éthique et des outils multiples constitue-t-elle un changement radical dans ce domaine ?

Le management vient toujours buter sur le « facteur humain », facteur décidément rebelle à entrer dans les moules et les codifications qu'on est persuadé d'avoir construit pour son plus grand bien. Une telle logique est sans fin : c'est toujours l'autre qui ne comprend rien et il s'agit toujours de chercher à le convaincre (la communication n'est-elle pas faite pour cela ?) du bien-fondé des outils qu'on entend lui appliquer, en continuant d'arguer de son essentielle bonne volonté et de son éthique généreuse. On pourra changer d'outil, revoir ses méthodes, on n'en continuera pas moins d'être ancré dans son point de vue de certitude.

L'éthique confondue avec les bons sentiments peut servir de manteau à la présomption et à la bêtise. L'écoute et le décentrement sont des qualités précieuses et rares en matière de management. Il faut entendre les réactions naïves d'élèves ingénieurs de grandes écoles face à l'exposé des cas concrets d'application du taylorisme : « Ah, monsieur, comment les ouvriers ont-ils pu accepter cela ? », pour mesurer la difficulté à imaginer que puissent exister d'autres conditions et d'autres univers que les siens propres.

A l'inverse de ces perspectives, ce livre entend donner la parole à ceux qui pratiquent le management. Nous ne prétendons pas fournir de nouvelles recettes, mais nous mettre à l'écoute des acteurs dans ce domaine, afin d'essayer de comprendre la façon dont ils appréhendent leur pratique, les difficultés auxquelles ils se trouvent confrontés. Notre propos souhaite cette fois dépasser l'analyse critique[3] pour tracer des pistes alternatives en matière de management et de formation qui prennent en compte la parole et la pratique des acteurs.

Le constat fait par H. Arendt sur les « tendances évidentes de la société moderne » n'implique pas la disparition pure et simple d'un certain bon sens. Si on peut estimer qu'il n'est pas forcément la chose du monde la mieux partagée, il n'en demeure pas moins présent chez ceux qui se trouvent confrontés aux multiples aléas de l'activité de travail et font l'expérience des limites du possible.

Le management se trouve au cœur d'un débat sur les transformations de l'activité productive et l'évolution des métiers. En l'affaire, la fuite en avant moderniste consiste à considérer que la notion même de métier n'a plus grand sens en regard des évolutions technologiques et productives. Dans certaines entreprises, les managers et les formateurs se sont fait un devoir de le faire connaître aux principaux intéressés, entraînant une déstabilisation des repères de l'identité individuelle et collective.

C'est comme si on avait voulu faire savoir aux catégories ouvrières et techniciennes et au personnel dit de « bas niveau » que le métier qui structurait leur identité individuelle et collective était soudainement devenu « ringard » et qu'ils n'avaient d'autre choix que de se soumettre aux nouveaux credos de la modernité managériale. Ce n'est pas le développement des compétences professionnelles et la nécessaire évolution des métiers qui se trouvent ici en question, mais les discours et les pratiques qu'on a tenus en leur nom, pour

3. Que nous avons menée dans *Le Mythe de l'entreprise. Critique de l'idéologie managériale*, La Découverte, Paris, 1992 (nouvelle édition : 1995).

tenter d'ériger la figure du manager en nouveau héros de la modernité. Loin de favoriser les changements nécessaires, ces orientations ont entraîné un désarroi et des blocages. La coupure entre dirigeants et dirigés passe aussi à l'intérieur des entreprises.

Considérer l'activité de management comme une simple affaire de compétences est pour le moins réducteur. Une telle approche, aujourd'hui dominante, laisse de côté ce qui constitue l'essentiel pour ceux-là mêmes qui pratiquent cette activité. A l'inverse de cette perspective, en s'appuyant sur la parole et la pratique des acteurs, nous avons été amené à distinguer quatre dimensions fondamentales de l'activité de management : une éthique en situation, des qualités humaines, des savoir-faire et des compétences.

La prise en compte de l'ensemble de ces dimensions amène à interroger de façon critique la manière dominante d'envisager la formation au management : en réduisant cette activité à des compétences, on en fait une simple affaire d'apprentissage et de maîtrise d'outils plus ou moins sophistiqués. Non pas que cet apprentissage et ces outils soient tous inutiles, mais en polarisant l'attention sur l'acquisition de compétences immédiatement opérationnelles, on risque de passer à côté des autres dimensions du management qui sont essentielles : l'éthique en situation, les qualités et le savoir-faire dans le domaine des relations humaines.

Cette polarisation sur les compétences ne revient-elle pas à privilégier l'accessoire au détriment de l'essentiel, à inverser l'ordre des priorités au détriment de l'expérience pratique, des leçons qui peuvent en être tirées et de l'acquisition d'une solide culture générale ? Il ne s'agit pas de remettre en cause la nécessité de l'apprentissage de compétences, mais de resituer cet apprentissage à sa place dans un ensemble qui prenne en compte les autres domaines concourant à l'excellence de l'activité de management.

Le management n'est ni une science ni une technique. Par l'ensemble des facteurs qu'il met en jeu et combine, il s'apparente à un art au sens étymologique du terme : manière de disposer, de combiner habilement. La responsabilité et l'encadrement ne se confondent pas avec l'image lisse et feutrée du management qu'en donnent la plupart des cabinets de conseils et de formation. Il est une autorité qui ne s'acquiert que dans la capacité à affronter des situations inédites et dans l'équité des décisions.

C'est précisément sur ces bases que nous avons formulé des propositions nouvelles de formation, en accordant une importance particulière à une formation en situation de travail sur le modèle de l'apprentissage et à un corpus de culture générale ayant trait aux sciences humaines et articulé aux problèmes du travail et de son environnement.

Ce livre entend ainsi défendre le professionnalisme contre l'idéologie, redonner sa place à l'expérience contre la fétichisation des outils, promouvoir la culture générale contre la sous-culture managériale et la confusion ambiante. Il appartient aux acteurs, aux responsables des entreprises et aux partenaires sociaux d'en tirer les leçons qu'ils jugeront utiles.

1

Crise et repères du management

Le management moderniste est aujourd'hui en crise ouverte. Il importe d'en tirer les leçons et de poser des repères de principe, si l'on entend éviter la confusion et les impasses.

A s'en tenir à ses déclarations, le management moderniste prétend réconcilier, en une vaste synthèse harmonieuse, l'économique, le social et le culturel. Il entend faire en sorte que les objectifs de l'entreprise moderne soient partagés par tous, afin d'augmenter la productivité et la qualité. Il prétend également répondre à une demande de participation de la part des salariés, ainsi qu'aux aspirations à l'autonomie et à la responsabilité dans le travail. Autant d'objectifs qui peuvent paraître, à première vue, louables, et c'est précisément sur ces bases que ce management tente de fonder sa légitimité dans les entreprises. Mais au-delà de ces déclarations généreuses, il importe de saisir le modèle implicite de l'entreprise que véhicule ce courant managérial et les pratiques de déstabilisation qu'il met en œuvre. Dans le domaine du management, comme dans les autres, on ne saurait en rester au seul domaine des intentions.

La fin des illusions ?

En ne prenant pas en compte les différences d'intérêts et d'aspirations existantes, en mettant tout le monde sur le même plan du point de vue de la responsabilité et de l'implication dans le travail, ce management a véhiculé le fantasme d'une entreprise consensuelle et homogène.

Plus simplement, nombre de managers et de jeunes dirigeants « branchés » ont considéré que notre société entrait dans une étape historique radicalement nouvelle où, la crise du syndicalisme aidant, on pourrait désormais se passer de la médiation des représentants des salariés. L'instauration de rapports dits de convivialité, l'attention accordée à la subjectivité individuelle, en termes de psychosociologie et d'éthique mêlées, étaient quant à elles censées changer la nature des rapports hiérarchiques et professionnels dans le travail. C'est comme si on avait voulu faire en sorte que le lien entre dirigeants et dirigés ne soit plus contractuel, que le pouvoir et la hiérarchie se fassent invisibles. Au sein de l'entreprise moderne, nouvelle communauté d'appartenance, les rapports devenaient en quelque sorte fusionnels. Tout au plus, quelques spécialistes-conseils étaient censés aider, en toute objectivité, à ce que cela puisse se faire dans la plus grande transparence et dans la bonne entente. Chacun se devait d'adhérer pareillement aux valeurs et aux objectifs émanant naturellement de cette communauté[1].

Les campagnes répétées de mobilisation, l'activisme communicationnel ont produit un effet de leurre. La réalité était tout autre. Beaucoup ont cru que le silence des salariés, dans le contexte du développement du

---

1. Jean-Pierre Le Goff, *Le Mythe de l'entreprise, op. cit.*

chômage, était synonyme d'acceptation et de consensus. Ce type de management a entraîné la déstabilisation des individus et des collectifs de travail, développé le mal-être et le désarroi.

Un modèle en crise

On peut se demander, au vu des enquêtes que nous avons menées dans les entreprises, si le management qui ne cesse d'en appeler à la mobilisation et à la participation de tous n'a pas véhiculé une ambiguïté fondamentale : celle d'une volonté d'implication qui tend à nier les rapports de pouvoir au sein de l'entreprise, les écarts entre dirigeants et dirigés, et ceux existant parmi le personnel. C'est comme si nombre de managers partageaient plus ou moins consciemment le modèle d'une entreprise qui devrait parvenir à ce que l'ensemble des salariés soit pareillement concerné et responsable. Dans ce cadre, la « transparence communicationnelle » a pu jouer le rôle d'une notion fétiche, de substitut à une adhésion et à une implication impossibles, mais toujours fantasmatiquement recherchées.

Pourquoi faudrait-il à tout prix que des salariés adhèrent à des orientations et à des choix sur lesquels ils n'ont guère de prise ? Pourquoi faudrait-il à tout prix laisser croire ou faire comme si dans l'entreprise tout le monde était ou devait être pareillement concerné et responsable ?

Les salariés ne s'y trompent guère et n'aiment pas ce genre de faux-semblant, d'autant plus qu'à ce petit jeu ils ont le sentiment justifié qu'on les prend pour des imbéciles. Ils considèrent largement désormais – et telle est la vérité de ces années passées – qu'on a tenté de les faire participer à un marché de dupes consistant à les faire adhérer à une logique dont ils sont les premières victimes en termes de restrictions, d'intensification du travail et d'emploi.

Quelle orientation managériale ?

Ce qui nous paraît en fin de compte devoir être interrogé, ce sont les présupposés d'une orientation managériale qui véhicule implicitement l'idée d'une mobilisation, d'une implication et d'une participation de tous à égalité. Non pas qu'il faille remettre en cause la nécessité de développer l'information et la participation des salariés. Mais il convient d'être vigilant sur les dérives possibles d'une optique de transparence et de participation qui, insuffisamment lucide sur ses présupposés, peut entraîner « avec la meilleure bonne volonté » du monde des effets de déstabilisation.

Il s'agit de prendre en compte non seulement la différence des préoccupations, des aspirations et des intérêts présents au sein de l'entreprise, mais aussi la différence des responsabilités, des fonctions et des rôles. En d'autres termes : on ne saurait vouloir effacer l'écart existant entre les dirigeants et les dirigés, faire comme si tout le monde, quel que soit son statut, son grade, son activité, était pareillement impliqué. Il est une façon d'en appeler à la responsabilité de tous dans l'entreprise qui, loin de parvenir à l'efficacité dont elle se réclame, génère de l'inquiétude et de l'angoisse.

Face aux évolutions, le rôle du pouvoir n'est pas de déstabiliser les salariés mais de les rassurer et de les aider à y faire face. Il ne peut se décharger sur eux de ses propres responsabilités pour tenter de leur imposer en sous-main ses décisions. Le pouvoir, en entreprise comme ailleurs, se doit d'assumer ses propres orientations et choix et les risques inhérents à sa fonction[2]. C'est à partir de là que les salariés peuvent, en toute clarté, être à même de se positionner. Il ne s'agit nullement d'en revenir aux pratiques autoritaires anciennes, mais d'éviter toute démagogie qui prétendrait décréter la transparence, l'autonomie et la responsabilité.

L'encadrement de terrain, quant à lui, se trouve placé dans une situation pour le moins paradoxale : d'un côté, il en appelle à l'autonomie et à la responsabilité de tous les salariés, suivant en cela les orientations générales ; de l'autre, il est bien obligé de constater que ces exigences sont loin d'aller de soi. Face à cette réalité, l'encadrement de terrain peut passer une bonne partie de son temps à expliquer les orientations de la direction et à aider les agents dans leur travail. « Assister » et « encadrer » sont des fonctions qui peuvent paraître aujourd'hui quelque peu tombées en désuétude. C'est comme si la fonction traditionnelle de l'encadrement, qui tend à être niée par une rhétorique de l'autonomie et de la responsabilité, revenait en force dans les pratiques effectives du management de terrain tout en n'ayant pas de réalité reconnue.

La réforme du management n'est pas qu'une affaire de méthodes. Elle implique, à notre sens, d'aborder de front ces questions. Faute de quoi elle s'expose à de sérieuses déconvenues qui finissent toujours par se retourner contre les objectifs d'efficacité et de qualité dont on se réclame.

---

2. Le problème de la légitimité de ce pouvoir et de son mode de désignation est une autre question.

Des repères de principe

Autorité, pouvoir, domination, management... autant de notions qui se renvoient les unes les autres dans nombre de discours et de débats, sans qu'on puisse parvenir à en cerner précisément le contenu. Face à la confusion existante dans ce domaine, il nous faut tenter d'y voir clair, en opérant des distinctions et en posant quelques repères qui nous semblent utiles dans l'abord des problèmes du management.

Autorité, pouvoir et domination

Autorité, pouvoir et domination sont souvent employés comme synonymes. Assimilés à la domination, autorité et pouvoir sont alors perçus négativement.

Le recours aux définitions philosophiques et sociologiques de ces notions peut nous aider à mieux les comprendre, mais elles sont loin d'être univoques : elles engagent des conceptions différentes, spécifiques à tel ou tel auteur, sans qu'on puisse prétendre que l'une de ces conceptions ait le dernier mot. Afin d'éviter des malentendus, il nous semble nécessaire de séparer clairement la domination en tant qu'elle implique un rapport de servitude qui s'exerce par la violence ou la manipulation, de la notion de pouvoir et d'autorité.

Le pouvoir peut être abordé dans sa dimension institutionnelle et fonctionnelle. Dans cette optique, il est instance décisionnelle qui incarne l'unité d'une collectivité, a la charge du maintien d'un ordre nécessaire et de la réalisation d'objectifs communs à cette collectivité. Pour ce faire, il est doté de ressources, de moyens, et dispose d'un système de sanctions. Les relations de pouvoir sont des relations asymétriques de commandement et d'obéissance qui peuvent s'exercer par la persuasion mais aussi par la force si nécessaire.

Les fondements du pouvoir, ses modes de désignation, les formes variées qu'il peut prendre varient selon les types de sociétés et d'activités dans lesquelles il s'exerce. En démocratie, la désignation de ceux qui occupent le pouvoir s'effectue selon des règles supposées connues de tous et son exercice est soumis à des conditions qui délimitent le champ d'action de ceux qui en disposent. Dans les sociétés développées, le pouvoir politique prend la forme de l'État, en régime démocratique sa légitimité est fondée sur la souveraineté populaire qui s'exprime par le biais du suffrage universel.

L'autorité, quant à elle, ne se confond pas avec le pouvoir. Elle implique une relation dissymétrique qui est acceptée d'emblée comme légitime. Elle suppose l'acceptation tacite, la reconnaissance de la légitimité d'une supériorité de l'un des termes sur l'autre. Elle exclut la coercition et la violence et ne se confond pas avec l'autoritarisme. Il n'est d'autorité que reconnue et en ce sens tel individu, institution, pouvoir dispose ou non d'autorité. Les différents figures de l'autorité (individus, institutions, œuvres...) constituent des références et des modèles qui inspirent le respect. L'autorité s'exerce dans les différents domaines d'activité et ses fondements sont divers : tradition, souveraineté populaire, savoir, compétences... Elle est indispensable à la structuration de la personnalité et de la vie sociale[3].

L'une des difficultés propres à la démocratie réside dans la conciliation entre le libre exercice de la critique et la reconnaissance de la nécessité de l'autorité et du pouvoir comme élément structurant de l'identité de la

3. Chantal Delsol, *L'Autorité*, PUF, Paris, 1994.

personnalité et de la vie sociale. Toute autorité et tout pouvoir peuvent être soumis à examen et critique, mais on ne saurait pour autant vouloir abolir leur principe, sauf au prix d'une déstructuration de la vie individuelle et sociale.

Démocratie et pouvoir en entreprise

Depuis l'instauration de la république, la réconciliation de l'entreprise avec la démocratie ne va pas de soi. L'optique socialiste du début du siècle consistait précisément à étendre les conquêtes républicaines au sein même des rapports économiques : « Ce n'est pas seulement dans les relations politiques, disait Jean Jaurès, c'est aussi dans leurs relations économiques et sociales qu'il faut faire entrer la liberté vraie, l'égalité, la justice [4]. » La reconnaissance de l'existence d'intérêts différents, l'instauration des libertés au sein des entreprises furent une conquête contre l'exploitation et la domination des hommes au travail.

Mais, à vrai dire, l'idée socialiste allait au-delà : « Ce n'est pas seulement la cité, ajoutait Jaurès, c'est l'atelier, c'est le travail, c'est la production, c'est la propriété qu'il [le prolétariat] veut organiser selon le type républicain. A un système qui divise et opprime, il entend substituer une vaste coopération sociale où tous les travailleurs de tout ordre, travailleurs de la main et travailleurs du cerveau, sous la direction de chefs librement élus par eux, administrent la production enfin organisée [5]. » L'appropriation collective des moyens de production, on le sait, a constitué un objectif central du

4. Jean JAURÈS, « Discours à la jeunesse », *L'Esprit du socialisme*, Gonthier, Genève, 1964, p. 60.

5. *Ibid.*

mouvement ouvrier. Dans ce cadre, l'entreprise est devenue un lieu central de conflit qui, au-delà de la lutte pour les revendications, engage un projet de société.

En cette fin de siècle, l'idée de l'entreprise comme pôle central de la société est comme inversée, reprise dans une tout autre perspective par un courant managérial et patronal, qui entend bien la faire jouer cette fois à son profit. On comprend mieux, ce faisant, comment, au-delà des divergences bien réelles qui peuvent les séparer, tout un courant de gauche a pu se montrer fasciné par le management moderniste qui, à sa façon, prétend transformer le travail, responsabiliser les salariés, développer la coopération, et qui proclame l'entreprise « citoyenne ».

Cela n'implique pas, bien au contraire, que la lutte pour les libertés et la démocratisation des entreprises n'ait pas lieu d'être. Mais il importe de savoir dans quel cadre global on l'inscrit, si on veut éviter les confusions et les manipulations. C'est sur des bases claires que la participation et le contrôle des salariés peuvent réellement se développer.

L'entreprise : une collectivité à objectif limité

On ne saurait confondre la citoyenneté dans l'entreprise avec celle s'exerçant dans la cité, pas plus qu'on ne saurait considérer l'entreprise comme un « citoyen ». Cette confusion des domaines et des activités fait l'impasse sur la finalité essentiellement économique de l'entreprise, sur sa logique productive et ses contraintes propres.

Le problème du pouvoir et de la démocratie dans l'entreprise nous semble devoir être examiné en regard de ces spécificités. Dans sa définition minimale, l'entreprise est une cellule économique produisant des biens et des services destinés à la vente sur le marché. Le fait qu'elle investisse dans d'autres activités, sportives ou culturelles, qu'elle développe de la formation ou qu'elle puisse créer des emplois dans une situation marquée par le chômage ne change pas sa finalité essentielle qui demeure économique.

L'entreprise rassemble des personnes pendant une durée délimitée, le temps de travail, en vue de la production de biens ou de services. Le fait qu'elle constitue un collectif humain qui, comme tel, comporte bien d'autres dimensions que l'économie ne justifie pas pour autant qu'on puisse la considérer sur le modèle de la famille, d'une communauté d'appartenance ou de la cité, sauf au prix du mélange des genres et de ses effets déstructurants.

Le rapport du salarié à son employeur n'est pas un lien de filiation, ni un lien d'égalité citoyenne, mais un contrat passé dans le cadre d'une activité délimitée, le travail, au sein d'une collectivité produisant des biens et des services. Le contrat de travail inclut précisément la notion de subordination : le salarié est soumis aux directives et au contrôle de son employeur dans le cadre de sa prestation de travail. Mais cette activité productive s'exerce au sein d'une société civile régie par le droit et la négociation, et dans le cadre d'une communauté politique ayant sa Constitution et ses règles de droit. Le champ de l'exercice du pouvoir en entreprise s'en trouve de ce fait délimité.

Cette subordination ne peut ainsi déroger aux libertés fondamentales et aux lois générales, ni au code du travail et aux stipulations des accords de conventions collectives qui régissent la branche et sont applicables dans l'entreprise. Le règlement intérieur est lui aussi soumis aux règles du droit et aux dispositions des conventions et accords collectifs de travail applicables dans l'entreprise.

Les règles générales relatives à la discipline sont définies à partir des finalités particulières de l'entreprise. Son fonctionnement, comme celui de tout autre collectif organisé, dépend du respect d'un certain nombre de règles. Mais ces règles ne sont justifiées que dans la mesure où elles sont nécessaires à assurer la coexistence entre les membres de la collectivité de travail et à atteindre l'objectif économique pour lequel cette collectivité a été créée[6].

Ces principes de base étant posés, il est ensuite nécessaire de prendre en compte les différences existantes entre secteur privé, secteur public, coopératif ou lié à l'économie sociale. La dimension sociale de l'activité productive, le type de rapport au travail des salariés, les rapports collectifs de travail ne sont pas les mêmes selon le type d'entreprise.

Quels pouvoirs dans l'entreprise ?

Le pouvoir en entreprise renvoie confusément à deux domaines qu'il convient de distinguer :

– le pouvoir comme instance qui définit les orientations à suivre, effectue des choix – ce qu'on dénomme la « politique » de l'entreprise – et prend les décisions en conséquence ;

– le pouvoir exercé dans l'organisation et l'encadrement du travail en entreprise et qui renvoie à l'activité de management.

Ces deux pouvoirs sont bien évidemment liés, mais leur confusion est à la source de nombre d'équivoques concernant la question de la démocratie en entreprise,

6. Circulaire du ministère du Travail du 15 mars 1983.

qui ne se pose pas de la même manière sur les deux plans. Cette confusion n'est pas sans rapport avec un certain nombre d'illusions autogestionnaires passées qui prétendaient faire disparaître les rapports de pouvoir et d'autorité, les contraintes inhérentes à l'activité de travail en entreprise.

Décideurs et salariés

Le pouvoir décisionnel en termes d'orientations et de choix dépend lui aussi du type d'entreprise et de son statut dans la société : secteur privé, secteur public, coopératif ou entreprises liées à l'économie sociale... ; et dans chacun de ces secteurs, il conviendrait encore d'opérer des distinctions plus fines. Selon les cas, les acteurs participant de l'instance décisionnelle, les règles et les procédures ne sont pas les mêmes. Les partenaires sociaux et les salariés ne sont pas impliqués de la même manière dans le processus de concertation, de contrôle et de décision.

Pour les entreprises privées et publiques qui nous intéressent ici, les orientations et les choix stratégiques de l'entreprise restent essentiellement le domaine des dirigeants : les membres du conseil d'administration, les présidents-directeurs généraux et leurs collaborateurs, et l'État dans le cas des entreprises publiques.

En droit, le conseil d'administration dispose de pouvoirs importants. Dans le secteur privé, il nomme ou révoque le président. Dans les faits, celui-ci dispose d'une grande autonomie de décision et peut cumuler les fonctions de directeur et de président du conseil d'administration. Les dirigeants des entreprises publiques à caractère industriel et commercial sont quant à eux nommés par l'État.

Au cours des années quatre-vingt-dix, les différentes affaires dans lesquelles se sont trouvés impliqués des

P-DG ont entraîné une critique des mécanismes de décision et de régulation de cette sphère du pouvoir de l'entreprise. C'est dans ce cadre que le mode de gestion à l'anglo-saxonne (*corporate governance*, traduit en français par « gouvernement d'entreprise »), qui donne plus de pouvoir aux actionnaires par le biais d'assemblées générales et le renforcement du rôle du conseil d'administration, connaît un regain d'intérêt. Nombre de dirigeants estiment néanmoins qu'une telle orientation risque de paralyser l'initiative et les prises de décision.

Quoi qu'il en soit, cette sphère du pouvoir échappe aux salariés des entreprises et à leurs représentants. Pour les entreprises publiques, ces représentants sont membres à part entière du conseil d'administration, mais en l'affaire le dirigeant nommé par l'État joue un rôle clé. Dans le secteur privé, ils sont consultés par le biais de leurs représentants au sein des comités d'entreprise. Ces derniers ont pour objet d'« assurer une expression collective des salariés, permettant une prise en compte permanente de leurs intérêts dans les décisions relatives à la gestion et à l'évolution économique et financière de l'entreprise, à l'organisation du travail, à la formation professionnelle et aux techniques de production[7] ». Les observations que le comité d'entreprise peut faire dans ce domaine sont transmises à l'assemblée générale des actionnaires. Les lois Auroux ont renforcé le rôle consultatif du comité d'entreprise, tout en développant le champ des questions traitées par lui, et précisé les modalités de l'information et de la consultation.

C'est avant tout dans la formalisation de l'expression des salariés « sur le contenu, les conditions d'exercice et

7. Art. L. 431- 4 du code du travail.

l'organisation de leur travail[8]» que les lois Auroux ont introduit une dimension nouvelle. Cette participation des salariés se veut directe, sans médiation, et vise à «définir les actions à mettre en œuvre pour améliorer leurs conditions de travail, l'organisation de l'activité et la qualité de la production dans l'unité de travail à laquelle ils appartiennent et dans l'entreprise[9]». Intelligence et savoir-faire des salariés sont ainsi pris en considération pour à la fois améliorer les conditions de travail et développer la productivité et la qualité. Ces deux objectifs ne sont pas si simples à harmoniser. Entre les textes juridiques et la réalité, l'écart peut être considérable. Dans le domaine de la participation des salariés à l'organisation du travail, comme dans les autres, l'initiative ne se décrète pas.

Le domaine du management

Dans sa dimension fonctionnelle, le pouvoir en entreprise assure la direction du processus de production, la mise en commun, la coordination et la mobilisation des ressources matérielles, techniques et humaines. Dans l'activité de travail, il a la charge du maintien d'un ordre nécessaire et de la réalisation des objectifs productifs. Pour ce faire, il est doté de ressources, de moyens, et dispose d'un système de sanctions.

Dans l'activité de travail collectif en vue de la production de biens et de services, des rapports de commandement et d'obéissance, une organisation du travail, une discipline productive et les contraintes

---

8. Art. L. 461-1 du code du travail.

9. *Ibid.*

qu'ils impliquent sont nécessaires. Il nous paraît fallacieux de le nier au nom d'une utopie généreuse, de l'éthique ou des bons sentiments.

Fonctionnalité du management

Le management en entreprise n'est pas une activité purement organisationnelle et gestionnaire. Il donne lieu à des discours et des pratiques qui tentent une implication et un encadrement des hommes au travail allant au-delà des nécessités productives. Dans ce sens, le management ne saurait prétendre au statut de neutralité et de pragmatisme dont il se réclame : il forme en fait une idéologie qui tente de masquer les divisions et les écarts existant au sein de l'entreprise. Cette dernière n'échappe pas aux évolutions sociales et culturelles et le management moderniste constitue précisément une tentative, à maints égards dérisoire, de prendre en compte ces évolutions, dans une logique de manipulation, en vue de l'optimum productif. Ces réalités sont à prendre en considération dans une optique de lucidité évitant tout idéalisme dans l'abord des problèmes du management. Mais elles n'épuisent pas pour autant la nature de l'activité.

Il existe une dimension coopérative du travail en entreprise. L'organisation collective des forces individuelles de travail réunies dans un même lieu en vue de la production suppose des fonctions de direction, de contrôle et de surveillance nécessaires à la bonne marche de l'ensemble. Karl Marx, qu'on ne saurait suspecter de complaisance à l'égard du patronat, a reconnu lui-même cette nécessité : « Tout travail social ou commun, se déployant sur une assez grande échelle, réclame une direction pour mettre en harmonie les activités individuelles. Elle doit remplir les fonctions générales qui tirent leur origine de la différence existant entre le mouvement d'ensemble du corps productif et les mouvements individuels des membres indépendants dont il se compose. Un musicien exécutant un solo se dirige lui-même, mais un orchestre a besoin d'un chef[10]. »

Cette dimension fonctionnelle n'est pas refermée sur elle-même. Sa logique interne se trouve également déterminée par la finalité spécifique de cette activité. La production collective de biens et de services marchands implique un ordre nécessaire à la bonne marche de l'ensemble et à la qualité de la production. Que cet ordre productif n'obéisse pas pour autant à une pure logique fonctionnelle et marchande, qu'il puisse prendre un caractère despotique, n'implique pas pour autant qu'on puisse dénier l'existence de cette dimension : la production collective a ses nécessités et contraintes propres qui ne sont pas réductibles à la domination ou à l'exploitation.

La compétence professionnelle comme fondement de l'autorité

Dans l'activité de travail en entreprise, l'autorité ne relève pas simplement du parcours de formation, de la qualification, du statut et de la place occupée dans la hiérarchie, mais passe par la reconnaissance informelle entre les acteurs des compétences techniques et professionnelles effectives, compétences qui ne dépendent pas mécaniquement du niveau de formation.

Lorsqu'on a affaire à une équipe compétente et expérimentée qui maîtrise techniquement un problème donné, l'autorité ne s'impose pas d'emblée et il paraît

---

10. Karl MARX, *Le Capital*, livre premier, t. 2, Éditions sociales, Paris, 1948, p. 23.

vain de vouloir jouer simplement sur son statut et sa place dans la hiérarchie.

La compétence demeure le fondement solide de l'autorité en entreprise, autorité reconnue par les acteurs qui, par-delà le statut et la position hiérarchique, se considèrent comme des professionnels. L'acquisition d'un solide noyau de compétences professionnelles et techniques constitue la référence première et le socle à partir desquels peuvent venir se greffer d'autres dimensions spécifiques ayant trait au management des hommes au travail.

Le travail : pour quoi faire ?

La part nécessaire de contrainte dans le travail ne saurait donc être transfigurée au nom d'on ne sait quel idéalisme ou volontarisme éthique. Poussée jusqu'au bout, cette dernière approche peut aboutir à ce que les tâches les plus serviles et les plus ingrates se voient dotées d'une dimension éthique qui prête à manipulation.

De par la finalité particulière du travail en entreprise, le « social » entendu comme l'ensemble des conditions de travail, de rémunération, de formation et de promotion demeure la condition première de ce qu'on appelle la « motivation ». Sur ces bases, l'implication dans un collectif de travail dépend des « relations humaines » qui s'y nouent, tout particulièrement avec l'encadrement. De ces relations émanent une « ambiance de travail » qui constitue un facteur clé d'un bien-être dans l'activité.

On ne saurait cependant en rester à ces seuls aspects individuels et relationnels, sans prendre en considération dans le même temps les facteurs « objectifs » qui entrent en jeu. L'intérêt qu'on porte à son activité et la satisfaction qu'on peut en retirer sont également liés aux types d'instruments, machines ou technologies. L'utilisation et la maîtrise de machines performantes ou de technologies de pointe dans le travail quotidien peuvent être des facteurs d'intérêt, de fierté et susciter une sorte de passion.

Plus fondamentalement, la nature de l'objet produit ou du service rendu est déterminante. La plupart des approches managériales, en restant unilatéralement centrées sur l'individu et les relations humaines, prennent insuffisamment en compte – ou ne prennent pas en compte du tout – de tels facteurs.

Quel objet produit ?

Alors que les managers seraient tentés de chercher les éléments individuels et relationnels de la « motivation au travail », force est de constater que le rapport à l'objet produit constitue un facteur clé. Les études que nous avons menées dans le secteur du bâtiment nous ont montré que la dimension de l'œuvre n'a pas disparu, malgré l'industrialisation et la rationalisation du travail existant dans ce secteur. Le fait que l'objet construit dure et soit vu par tous, qu'il puisse apparaître comme un « bel ouvrage », procure satisfaction et fierté.

Dans le secteur industriel, et plus précisément dans une grande entreprise automobile, nous avons pu également constater que la nature de l'objet fabriqué influait directement là aussi sur l'intérêt au travail. On ne s'implique pas de la même façon selon l'objet produit, et la participation à la fabrication d'une voiture de haut de gamme en nombre limité, avec un soin particulier accordé à la finition, suscite un intérêt et une fierté qu'on ne retrouve pas forcément ou avec la même intensité pour les autres produits.

Quoi qu'on puisse penser du caractère tranché de la distinction opérée par Hannah Arendt entre les catégories du travail et de l'œuvre [11], elle n'en renvoie pas moins à des dimensions bien réelles. A la différence des objets du travail qui sont objets de consommation et ne durent pas, les objets de l'œuvre ont pour caractéristiques essentielles la stabilité, la permanence, la durée, auxquelles peut venir s'ajouter la beauté. Alors que le travail ne procure qu'un « plaisir fugace » après l'effort qui devra être perpétuellement recommencé, l'œuvre peut « donner assurance et satisfaction », être « source de confiance en soi pendant toute une vie [12] ». Ces différenciations opérées entre travail et œuvre ne sont plus prises en considération dans les théories modernes du travail, alors qu'elles peuvent constituer des repères.

Ce qu'on appelle la « motivation » dans le travail en entreprise n'est pas une donnée qu'on pourrait déclencher à loisir, comme le laissent entendre ceux qui se sont fait une spécialité de l'intervention dans ce domaine. Elle suppose des conditions, met en jeu de multiples facteurs dont on ne saurait prétendre se rendre maître à la manière d'un « ingénieur des âmes ».

Le management vu par ceux qui le pratiquent

Il est une façon de commander les hommes qui n'apparaît plus aujourd'hui recevable. Le modèle du « petit chef » autoritaire, s'il n'a pas totalement disparu, est aujourd'hui en crise. On ne peut plus commander les

---

11. Hannah Arendt, *Condition de l'homme moderne*, *op. cit.*
12. *Ibid.*, p. 191.

hommes dans le travail en s'appuyant sur l'injonction, la contrainte et la soumission. Pour autant on ne saurait abolir la relation hiérarchique dans le travail : celle-ci implique une relation inégalitaire qui, si elle se déploie différemment que par le passé, n'en demeure pas moins le cadre dans lequel doit être pensée l'activité de management. Tels sont précisément les principes clairement affirmés par les cadres que nous avons interrogés. On est loin des utopies prétendant établir des relations égalitaires, voire fusionnelles, au nom de la communauté de travail et de la convivialité.

Un « bon sens » demeure qui, tout en remettant en cause les anciens modèles autoritaires et les cloisonnements rigides, ne prétend pas pour autant dissoudre la relation hiérarchique, les différents statuts et fonctions au sein de l'entreprise. Si désormais on ne commande plus les hommes de la même façon dans le travail, on n'en continue pas moins de les commander. Il ne s'agit pas d'en rester au formalisme rigide d'antan, mais d'introduire dans la relation de subordination dans le travail des éléments rendant cette dernière moins contraignante et surtout moins arbitraire, d'éviter autant les abus de pouvoir que les manipulations.

Une affaire de compétences ?

On envisage habituellement l'activité de management comme une affaire de compétences qui pourraient s'acquérir par une formation. Cette optique se heurte d'emblée à une objection formulée par ceux-là mêmes qui exercent cette activité : le management est avant tout affaire de tempérament, de qualités personnelles et d'expérience.

On considère d'abord que l'activité de management, pour être bien menée, implique une part de capacités innées. Celles-ci sont reliées à la « personnalité », au

« goût du commandement » et du « contact ». C'est une question de « feeling », de « fibre », de « tempérament », d'« aptitude », et on s'empresse d'ajouter : « On l'a ou on ne l'a pas. » Cette part d'inné est en fait souvent renvoyée à une donnée psychologique, à une histoire individuelle qui peut remonter à l'enfance. Tous les individus ne sont donc pas faits pour être des managers, ils ne possèdent pas tous cette prédisposition et n'ont pas forcément envie de s'investir dans le domaine de l'encadrement : « On a ou on n'a pas la fibre d'aimer être sur le terrain et d'avoir envie de commander des gens ou pas, affirme un cadre expérimenté. Cela, ce n'est pas l'école qui nous l'apprend. Il y en a qui pensent qu'ils n'ont pas la fibre alors qu'ils l'auraient, mais ils ont peur de ce qu'ils vont trouver sur le terrain, ils n'osent pas. »

On souligne ensuite l'importance de l'expérience humaine, de la confrontation à des situations réelles (entre l'inné et l'expérience, « c'est 50-50 », dit-on volontiers). Cette expérience est professionnelle mais on indique également l'importance d'activités comme le sport, la participation à des associations ou des clubs. Le rôle de la formation n'est signalé – lorsqu'il l'est – qu'en dernier lieu. Les cadres que nous avons interrogés semblent tous s'accorder sur un point : l'essentiel de ce qui importe dans l'activité de management ne s'acquiert pas en stage.

Les stages de formation sont-ils utiles ?

La plupart de ceux qui ont participé à des stages de formation au management se souviennent en fait difficilement de leur contenu précis. Leur appréciation est variable : certains indiquent qu'à travers l'apprentissage d'outils ils ont pu retenir un certain nombre de leçons, comme par exemple la reconnaissance du fait que les individus « fonctionnent différemment », ou encore la nécessité de traiter immédiatement un problème relationnel au lieu de le laisser s'aggraver.

Le bilan apparaît en fait contrasté. Certains estiment que les stages au management leur ont beaucoup apporté : « Tout au long de ma carrière j'ai fait des stages et cela m'a beaucoup aidé. Dans les stages de communication, dans les stages de management, vous avez des théories, vous avez de la pratique parce qu'ils vous font faire du magnétoscope, vous pouvez vous corriger. Des stages sur l'analyse transactionnelle ou la programmation neurolinguistique m'ont aidé pour comprendre les gens, pour essayer de voir dans quel registre ils sont, s'ils ont évolué, s'ils en sont encore à des besoins primaires ou s'ils attendent autre chose. Cela aide pour essayer peut-être de détecter la position d'un agent. Il y a la posture, le non-dit, le non-vu, tout ça vous l'apprenez. Quelque part on sait que ça a une signification. Moi, si on ne me l'avait pas dit, je ne l'aurais pas forcément découvert. »

D'autres soulignent au contraire qu'ils n'y ont rien appris et qu'ils ont tout simplement perdu leur temps : « C'était catastrophique : des recettes à la petite semaine et on vous donnait les fiches à la fin. Un truc franchement ridicule. Non seulement cela ne m'a rien appris mais ça a gêné des tas de gens qui ne savaient pas faire, ça leur a donné de mauvaises idées selon lesquelles il y aurait des recettes. C'était quelque chose de très plaqué, du genre : les dix commandements du manager. C'était un truc abject. Je n'avais pas le choix à l'époque : tout le monde devait y passer, le directeur du centre avait décidé que tout le monde devait y passer. »

Ces stages peuvent encore être considérés comme trop « plaqués », « coupés du concret du travail » : « Quand j'ai un conflit avec deux agents, je ne cherche pas à savoir si je vais devoir adapter mon vocabulaire à un parent, à un enfant positif ou négatif, ou je ne sais trop quoi. Je suis déjà suffisamment embêté pour prendre une décision, trouver la bonne organisation et trouver les bons mots pour le dire. Il faut utiliser un langage qui soit celui de tous les jours. »

On ne nie pas pour autant qu'une formation apportant des connaissances et des outils soit nécessaire. Les thèmes de formation jugés utiles sont variés : connaissance de l'entreprise et de ses règles administratives, législation et droit du travail, conduite de réunions et d'entretiens, gestion des conflits, résolution de problèmes... Connaissances, exercices pratiques et outils sont fort utiles dans ces domaines, mais là n'est pas l'essentiel. La façon de décider et d'agir, de faire reconnaître et accepter son autorité, d'établir de bons contacts et rapports avec ses subordonnés, est considérée avant tout comme une affaire de personnalité et d'expérience qui n'a pas grand-chose à voir avec les stages suivis.

« L'ouverture d'esprit »

Comment alors développer ce « sens du relationnel » qui paraît bien mystérieux, ce « plus » qui bien souvent fait la différence à compétences techniques semblables ?

Plutôt que des méthodes, il faut dit-on développer le goût pour les relations humaines, une ouverture d'esprit qui permette de se décentrer et de comprendre les réactions des uns et des autres avant de les juger : « Avoir des qualités dans les contacts humains, dans les relations humaines, cela veut dire être capable d'écouter les gens et d'anticiper ce que les gens attendent en matière d'amélioration des conditions de travail dans leur activité quotidienne. » « L'ouverture d'esprit, c'est être capable de comprendre et de bien comprendre les autres, y compris si les autres s'intéressent à des choses qui ne vous intéressent pas. »

Cette capacité d'écoute dont on souligne l'importance première est une donnée qui ne renvoie pas à une formation, mais à des facteurs plus fondamentaux : « C'est vraiment une conception de vie globale, je ne sais pas comment ça peut s'acquérir. De toute façon, je crois que celui qui ne veut pas écouter n'écoutera jamais. » « Par tempérament, par culture, par éducation, on est plus ou moins préparé à l'écoute. L'écoute se développe dès les premières années de l'enfance, il est possible qu'il y ait des phases où on construit son écoute et puis quand on a loupé cette phase-là, il y a ensuite des choses qui ne peuvent plus se faire. L'éducation parentale compte : si on est soi-même un enfant écouté, je pense qu'il y a de grandes chances pour qu'on développe cette même attitude une fois devenu adulte. »

Quant aux capacités d'analyse et de synthèse dont on souligne également l'importance, l'enseignement initial et le parcours des études suivies peuvent apparaître déterminants pour leur acquisition : « Ce n'est pas une formation, mais un ensemble de formations qui concourent à ça : les maths, la lecture des textes, la synthèse, le résumé... Et puis, moi, j'ai fait beaucoup de droit. C'est vrai qu'il n'y a pas de lien direct entre le contenu du droit et la résolution de problèmes en situation de management. Mais cela structure énormément une façon de raisonner. Cela allie à la fois la rigueur des maths et la richesse de la langue française. »

Il faut, dit-on encore, avoir une certaine curiosité d'esprit, accumuler des éléments d'information, des réflexions, dans son environnement quotidien de travail comme à l'extérieur : « Il faut avoir une compréhension d'un certain nombre de messages institutionnels, comprendre ce qui se passe dans les organisations, avoir en permanence le souci d'une lecture de son environnement, des messages de la direction, des réalités de terrain..., avoir en permanence une espèce de capacité, de regard sur tout ce qui se passe, de façon à être capable d'apprécier à un moment donné ce qui est jouable et ce qui ne l'est pas. C'est cela que j'appelle trouver des repères : essayer d'avoir une compréhension de tout ce qui peut vous être livré par ce que vous vivez au quotidien. »

L'expérience humaine acquise en dehors de l'activité professionnelle apparaît décisive : « Les lacunes des managers sont surtout liées à leur passé, s'ils n'ont pas été des militants, joué dans une équipe de football, animé des associations locales, ou participé à des collectifs dans lesquels ils se sont confrontés, où ils ont débattu, tenu des rôles de leaders ou d'autres rôles, il leur est très difficile d'être manager. » « Pour certains, il n'y a peut-être rien à apprendre. Il y a peut-être à aller jouer sur un terrain de foot et puis après à transposer les ficelles qu'il a trouvées pour faire une bonne équipe de foot, dans une équipe de travail. »

Expérimenter par soi-même et en tirer des leçons

Dans le domaine du management, plutôt que d'appliquer des méthodes toutes faites, il faut « s'y mettre », se confronter directement aux réalités, expérimenter par soi-même en rectifiant ses erreurs au fur et à mesure qu'elles se présentent : « Il faut savoir faire exécuter un travail, une tâche sans donner l'impression d'imposer les choses. C'est de l'art, de la diplomatie. La méthode est implicite, elle vient avec l'expérience. On essuie un certain nombre de plâtres et à un moment donné on arrive à se corriger soi-même et à se dire : "Voilà effectivement il ne faudrait peut-être pas que j'agisse comme j'ai agi avec Untel." On corrige un petit peu sa façon de faire. »

Les bases du management ne s'acquièrent pas en stage, mais sur le terrain. Si la formation peut avoir quelque effet, elle doit venir se greffer sur l'expérience : « Il vaut mieux d'abord découvrir le management, prendre quelques baffes, se faire aider par son chef ou par les gens d'expérience pour avoir quelques bases. Ensuite, aller en stage et là on arrive à mieux approcher la théorie sur notre expérience. Si on envoie en stage quelqu'un qui n'a jamais pratiqué, il ne va rien y trouver. C'est un peu comme les stages informatiques, il faut commencer par bidouiller. »

Parmi les stages mentionnés comme nécessaires, la conduite d'entretiens et de réunions est un des thèmes les plus fréquemment cités, mais, là aussi, on ne manque pas d'ajouter l'importance première de l'expérience : « Cela peut donner en temps réel quelques indications sur ce qu'il faut faire ou ne pas faire. Mais ce n'est pas l'essentiel. Il me semble que ça vient en complément d'une expérience. Il faut d'abord cette expérience et à un moment donné la formation peut permettre de bien conduire un entretien. Mais sans expérience, ça ne sert pas à grand-chose. »

Cette expérience n'est pas forcément laissée à elle-même. Elle doit être guidée et il faut pouvoir en tirer des leçons, disposer d'un certain recul tout en étant en situation réelle. Dans cette optique, l'expérience décrite par l'un des responsables interviewés mérite d'être prise en compte : « Cela s'acquiert déjà par l'expérience, par le sens du terrain. Antérieurement, j'ai eu une fonction de management. Pendant trois ans j'ai été adjoint au chef du service production et donc dans un service qui n'est pas simple à gérer. J'ai pu donner un point de vue, participer sans être en première ligne. Cette expérience pour moi a été très riche. Cela m'a permis de ne pas faire d'erreur quand j'ai pris un poste de chef de service. »

Travailler comme simple exécutant pendant un laps de temps donné permet également de se rendre compte de l'existence d'un autre regard sur les réalités de l'entreprise et des contraintes qui ne sont pas d'emblée faciles à accepter. Cette prise de conscience peut éviter des malentendus dus à l'incompréhension du « vécu » et des habitudes de travail du personnel d'exécution.

L'importance de la formation en apprentissage

L'observation de terrain et le fait de pouvoir au fur et à mesure en tirer les leçons constituent une façon de former au management qui, ne passant pas outre l'expérience, apparaît réellement efficiente. De ce point de vue, la nouvelle filière de formation des ingénieurs par apprentissage, avec son système de tutorat en entreprise, présente de sérieux atouts que n'ont pas les autres formations. Le futur ingénieur se trouve impliqué dans le fonctionnement de l'entreprise et confronté aux multiples problèmes comportementaux, relationnels et sociaux existants dans les rapports de travail. Ce type de formation évite le saut trop brutal entre l'école et le management en entreprise.

Le tutorat peut permettre de développer un lien pédagogique entre l'ingénieur et l'apprenti qui sorte du strict cadre hiérarchique et permette des discussions plus libres pour aborder les problèmes du management : « La chance pour un apprenti, déclare un ingénieur, c'est qu'il a une espèce de tuteur comme moi qui peut tout lui dire sans que cela le sanctionne. Cela lui permet de prendre conscience des problèmes en temps réel. Avec les autres, c'est plus difficile parce qu'il y a la hiérarchie, le contexte social, et on ne dit pas toujours à chaud et en temps réel aux gens ce qu'on pense de leur action. »

Dans les grandes entreprises qui développent ce type d'apprentissage s'est instauré en fait un double tutorat : placé au sein d'une équipe, le jeune est encadré et suivi par un technicien ou un ingénieur sur le plan technique, l'ingénieur-tuteur assurant quant à lui un suivi qui n'est pas seulement technique, mais concerne l'ensemble des problèmes auxquels le jeune peut se trouver confronté. Des bilans réguliers peuvent ainsi être faits au cours desquels on se réfère à l'expérience pratique en matière de management : « Les conseils que je lui donnerai seront d'être très observateur de la façon dont se mènent les affaires en entreprise, comment se comportent les gens, quel est le type de relations... Bien observer comment ça se passe et puis se faire sa propre opinion sur ce qui est positif ou négatif dans la façon dont les gens se comportent. »

Dans le domaine du management, l'expérience est incontournable et l'échec peut être formateur à condition qu'on sache faire preuve de modestie et d'écoute : « Il y a une modestie dans l'approche qui facilite grandement l'écoute. Quand on n'est pas capable de résoudre un problème qui paraît minuscule, ça rend modeste. Il faut donc garder un abord relativement modeste et puis aussi se rendre compte que les gens ont une certaine valeur. Cela permet de donner une réalité humaine au travail. Quand on sort d'un cursus uniquement théorique et surtout quand on a été le premier de sa classe, on a quand même plus ou moins la grosse tête, même si on ne se l'avoue pas. Quand on est plongé avec des gens sur le terrain, on s'aperçoit que, pour faire fonctionner l'entreprise, il faut tout le monde. »

Le management des hommes en entreprise implique un savoir-faire, une habileté qui n'est pas pure application de techniques et de méthodes acquises, mais suppose à la fois une ouverture d'esprit, une souplesse dans les relations humaines et un grand sens pratique. L'expérience sur le terrain, avec sa part irréductible d'échec, est incontournable et aucune méthode ne peut s'y substituer.

2

Ingénieur : un métier qui se perd ?

L'importance prise par le management de la ressource humaine est liée aux évolutions de la production et de l'organisation du travail au sein des entreprises. Dans le secteur industriel, les changements opérés depuis le milieu des années soixante-dix sont particulièrement manifestes. L'activité des ingénieurs est directement concernée par ces évolutions.

Au cours des entretiens que nous avons réalisés dans les entreprises, un thème central revient en *leitmotiv* · dans le travail d'un ingénieur aujourd'hui, l'aspect proprement technique n'occupe pas ou plus une place hégémonique ; cet aspect tend à devenir secondaire au profit d'activités de management des individus et des collectifs. Le temps passé en réunions, en négociations, en suivi de gestion... occupe une part accrue, donnant l'impression à certains que le « métier » se perd. Un tel constat peut laisser penser que la figure classique de l'ingénieur disposant de solides connaissances scientifiques et techniques, et dont l'essentiel de l'activité a trait à ces domaines, tend à s'estomper au profit de celle du « manager » dont les compétences seraient purement gestionnaires et relationnelles.

Tel est précisément ce qu'il convient d'examiner avec soin, si l'on veut éviter toute fuite en avant moderniste qui, au nom des évolutions bien réelles, déstructure les identités professionnelles.

L'ingénieur et le technicien

Dans les entretiens réalisés, la comparaison avec l'activité d'un technicien en entreprise fait apparaître plus nettement la spécificité de celle menée par l'ingénieur. Le technicien est caractérisé comme un spécialiste menant une activité technique délimitée dans un cadre prescrit. Il est, indique-t-on, « embauché pour faire de la technique », « centré sur la réalisation », effectuant des « tâches délimitées », des « actions ponctuelles », « responsable de son travail, sans plus ». Il dispose d'une zone d'autonomie relativement limitée, dépend étroitement de son supérieur hiérarchique pour le contenu précis de son travail. L'ingénieur, quant à lui, ne travaille pas dans un contexte arrêté, mais il est constamment amené à gérer des situations floues et mouvantes, à faire des choix et à décider de lui-même.

Deux caractéristiques principales définissent l'activité de l'ingénieur : il est techniquement polyvalent et il est amené à exercer une responsabilité globale qui mobilise des compétences sortant du champ de la technique. Celles-ci concernent la gestion quotidienne des difficultés et des aléas de tout ordre survenant dans un service, un atelier ou au sein d'une équipe, la gestion budgétaire, voire une activité technico-commerciale qui peut intervenir ponctuellement lors d'opérations d'installation de nouveaux matériels et de maintenance.

Raisonner sur des techniques différentes

Dans le domaine spécifiquement technique, l'ingénieur est « généraliste » : son activité n'est pas limitée à une spécialité particulière et elle n'est pas nécessairement directe. Elle nécessite un recul, une analyse et une synthèse pour faire face aux problèmes techniques rencontrés : « Un ingénieur est là non pour résoudre les problèmes, mais pour se les poser et être capable de trouver les bonnes questions, quitte à avoir dans son équipe un certain nombre de techniciens qui eux apporteront la réponse. » L'ingénieur en entreprise étant amené à « raisonner sur des techniques différentes », ses connaissances en la matière doivent être suffisamment larges.

Cela ne remet pas pour autant en cause la nécessité d'un ancrage dans une technique de base. Comprendre ce que peut dire tel ou tel spécialiste, être en mesure de cerner rapidement les problèmes au fur et à mesure qu'ils se présentent et prendre la bonne décision, tout cela ne signifie pas une polyvalence entendue comme un survol superficiel de différentes techniques en dehors de la maîtrise de l'une d'entre elles, mais implique une compétence technique de base solide, sans laquelle la spécialisation et l'adaptation ne pourraient réellement se faire : « Compte tenu de la technicité de plus en plus pointue et du matériel sur lequel les agents dont on a la responsabilité interviennent, il faut un minimum requis pour pouvoir s'adapter assez rapidement. On ne demande pas la compétence dans tous les domaines techniques, mais il faut avoir une très bonne idée de ce que cela représente et de la manière dont ça fonctionne. »

L'ingénieur en entreprise peut avoir à faire face à des questions techniques qu'il ne connaît pas ou qu'il maîtrise insuffisamment. L'important, souligne-t-on, est qu'il soit capable de s'y investir et de s'approprier les connaissances, de trouver les informations nécessaires à la résolution du problème, de dialoguer avec les techniciens spécialisés. Cette recherche constante de l'information dans l'entreprise (« savoir où aller pour trouver les renseignements que l'on n'a pas »), alliée à une démarche de recherche bibliographique adéquate (« savoir où piocher »), constitue un trait caractéristique de la démarche d'un ingénieur qui doit être à la fois « curieux », « explorateur » et « autodidacte ».

« Gérer un projet global »

Un problème technique en entreprise n'est jamais purement technique. Il est d'emblée tout à la fois technique, financier, organisationnel, relationnel... Et c'est précisément cette globalité qui apparaît comme le champ propre de l'activité d'un ingénieur. Celui-ci est amené à occuper une fonction de responsabilité d'un projet dans l'ensemble de ses aspects. Il doit être capable d'analyser et d'anticiper la façon dont telle ou telle opération technique va s'insérer dans la trame habituelle du travail en entreprise, ses conséquences dans les différents domaines et ce que cela implique pour les autres services de l'entreprise. Dans l'entreprise, l'ingénieur se trouve ainsi au carrefour entre la technique et les autres domaines d'activité en ayant la charge de coordonner l'ensemble dans le sens le plus harmonieux et efficace possible.

Changements organisationnels et fonctions managériales

Dans le domaine de l'activité de management de l'ingénieur, trois grands pôles nous paraissent devoir être distingués :

– la coordination entre différents secteurs d'activés qui restent organisationnellement séparés ;

– le pilotage, en partie ou en totalité, d'un projet ou d'une affaire ;

– l'encadrement d'une ou de plusieurs équipes dans des ateliers ou services.

Ces grands domaines d'activité managériale sont étroitement liés aux changements importants opérés dans le fonctionnement interne des entreprises depuis le milieu des années soixante-dix :

– décloisonnement et recherche d'une meilleure gestion des interfaces entre les différents services et secteurs ;

– mise en place d'équipes ou de groupes spécifiques transversaux aux différents services, pour mener à bien en partie ou en totalité un projet ou une affaire ;

– mise en place de zones et de groupes autonomes de production responsabilisés autour du produit.

Le décloisonnement entre les services

Un des changements opérés en l'espace d'une vingtaine d'années dans le secteur de la production réside dans le recentrage opéré autour du produit en fonction des exigences du client. Une formule résume cette évolution : « On ne vend plus ce qu'on fabrique, mais on fabrique ce qu'on vend. » Une telle orientation exige une organisation beaucoup plus flexible capable de s'adapter et de répondre rapidement aux évolutions.

On a ainsi opéré une décentralisation des structures et accordé une autonomie aux secteurs de production dans le cadre de la réalisation des objectifs qui leur sont impartis. La mise en place d'unités ou de zones autonomes de production dans les entreprises correspond à cette nouvelle façon de produire. On ne découpe plus d'emblée les différents secteurs d'activité (fabrication, méthodes, maintenance...), mais on raisonne globalement sur une zone que l'on considère comme une entité avec un client et un fournisseur.

La réorganisation opérée dans l'une des entreprises où nous nous sommes rendus est un exemple significatif de cette évolution. Antérieurement, il existait un cloisonnement entre les ateliers de fabrication et les services centraux de maintenance, logistique, méthodes et outillages... La nouvelle organisation a consisté à regrouper le tout en deux unités autonomes de production, chaque unité produisant le même type de produit sans être articulée à l'autre. Les services de maintenance, des méthodes... ont été partagés en deux, et une partie de ces services est désormais installée sur le lieu même de la production. La responsabilité d'une ou de plusieurs zones autonomes (pour de petites unités) peut être confiée à un ingénieur. Comme l'indique un responsable d'atelier : « On sort du schéma où d'un côté on a la qualité, les méthodes... qui ordonnent à l'atelier les façons de faire. C'est de plus en plus l'atelier qui se prend par la main et qui décide lui-même ses améliorations de productivité. Dans ce cadre-là, on demandera de plus en plus des hommes de terrain ayant des capacités intellectuelles. »

La gestion de projet ou d'affaire

La mise en place d'équipes chargées de mener à bien un projet ou une affaire constitue un autre changement important. Ces équipes sont transversales à la division traditionnelle entre services et aux structures hiérarchiques qui y correspondent. Elles regroupent et mobilisent, sous la responsabilité d'un ingénieur, les compétences différentes et complémentaires existant dans les différents services. Un chef de projet peut être désigné pour développer, par exemple, un produit ou une famille de produits. A ce chef de projet sont affectés des correspondants dans chacune des directions, correspondants qui seront amenés à prendre en charge directement le projet en cours de développement.

L'ingénieur responsable de l'ensemble peut ainsi avoir à coordonner plusieurs équipes chargées chacune de la réalisation d'une partie du projet global. Le responsable de chaque équipe particulière doit à son tour mobiliser et coordonner des ingénieurs de différents corps de métier. Ces derniers devront assurer les contacts, les interfaces avec les autres services pour tout ce qui concerne leur domaine d'activité. On assiste ainsi à une démultiplication des liaisons horizontales et de la gestion des interfaces et c'est tout un réseau qui se trouve mobilisé.

Le travail du chef de projet consiste à essayer d'harmoniser au mieux les prévisions, à synchroniser les passages d'une phase à la suivante pour minimiser les délais de développement du produit. Il devra négocier et définir les cahiers des charges avec les responsables concernés.

L'entrecroisement des structures hiérarchiques et des équipes transversales

A la division traditionnelle entre les grands domaines d'activité et à la hiérarchie pyramidale qui y correspond se superpose ainsi une « organisation matricielle » ayant ses propres responsables. L'entrecroisement entre la structure hiérarchique verticale et l'organisation horizontale autour des projets ou des affaires ne va pas de soi. Les membres d'une équipe transversale ne dépendent pas hiérarchiquement du chef d'affaire ou de projet mais continuent d'être rattachés à la hiérarchie de leur service.

Cette superposition et cette double appartenance (« ingénierie simultanée concurrente ») provoque souvent un conflit de priorités. Ce conflit est d'autant plus difficile à régler qu'un ingénieur peut participer à plusieurs projets. Soumis à diverses sollicitations en même temps, il peut parfois s'appuyer sur sa « hiérarchie mère » pour se protéger des demandes d'un chef de projet. Animant des équipes qui ne dépendent pas forcément de lui et face aux résistances qui peuvent exister, le chef de projet est ainsi constamment amené à négocier. Piloter un projet ou une affaire, c'est animer et coordonner l'ensemble, ce qui n'est guère facile : « C'est un consensus à obtenir et c'est souvent une bagarre. »

L'encadrement de production

L'ingénieur peut également être amené à exercer une fonction directe d'encadrement d'équipes dans le secteur de la fabrication ou dans des services qui y sont directement rattachés. La réorganisation des secteurs de production s'accompagne d'une exigence d'autonomie et de responsabilité qui touche tous les échelons de la hiérarchie jusqu'aux opérateurs directs. Les propos des ingénieurs occupant ces fonctions d'encadrement soulignent cette évolution : « On fait de l'encadrement et en fait on encadre de moins en moins les personnes. Je veux dire par là que la personne concernée doit être capable de se prendre en charge, c'est-à-dire travailler sans qu'il y ait continuellement quelqu'un derrière elle en train de dire : "Tu fais ça." Du petit technicien à l'ingénieur, on se prend en charge. » « Déléguer, c'est laisser totalement des zones d'autonomie en disant : voilà, vous avez tel type d'activité à gérer, je ne veux pas en entendre parler – entre guillemets ; en revanche, je regarde les résultats et puis je vous juge sur vos résultats. Dans tel domaine, vous avez toute liberté d'action et à chaque fois que vous avez besoin de faire appel à des compétences extérieures à votre domaine, vous me le demandez. »

Ces nouvelles exigences vont de pair avec un nouveau type d'encadrement. A la figure du contremaître correspondant à la production de masse et à l'organisation taylorienne se substitue la figure de l'animateur d'atelier et du manager capable d'analyser l'ensemble des problèmes et d'agir en conséquence. Là non plus le niveau de compétences exigé n'est pas le même : « Là où l'on avait un contremaître qui battait la mesure, on a maintenant un animateur de zone. Le responsable d'atelier est de moins en moins le gars qui le matin arrive, pousse le coup de gueule, mais c'est celui qui fait le point des indicateurs, le bilan des problèmes rencontrés la veille, etc. Dans la production, on aura de plus en plus besoin de gens d'un niveau de compétences que requiert ce genre de management. Dans notre entreprise, on a des responsables d'atelier qui sont des techniciens. Demain, on souhaite mettre des ingénieurs à ces postes-là, parce qu'on demande à ces gens-là d'assurer non seulement les rôles d'encadrement, de commandement, mais aussi d'avoir à l'intérieur de leur entité de production une démarche d'amélioration continue, d'avoir le recul nécessaire pour faire progresser l'atelier. »

Cette volonté d'autonomiser les salariés dans la réalisation des tâches qui leur sont imparties constitue pour ces derniers un changement qui peut paraître volontariste. Nous verrons plus loin à quels obstacles se heurte cette volonté d'autonomie des opérateurs et à quelle dérive elle peut conduire.

Cette décentralisation des structures et de la décision, l'appel à l'autonomie et à la responsabilité des opérateurs s'accompagnent enfin de la généralisation de nouvelles méthodes d'évaluation. Celles-ci sont fondées sur des entretiens individuels avec la hiérarchie directe à tous les échelons, entretiens médiatisés par des outils qui entendent rendre plus objective l'appréciation portée sur les résultats et les compétences de chacun. Hiérarchie et individus concernés discutent pour remplir une grille d'évaluation portant à la fois sur les compétences techniques, comportementales et relationnelles... On effectue le bilan des objectifs passés et l'on en fixe de nouveaux. Ces documents sont signés par les intéressés. Mais sur ce point également, les choses sont loin d'être aussi claires et pragmatiques qu'il y paraît (cf. *infra,* chap. 3).

Des fonctions de management différentes

Pour le pilotage d'un groupe de projet ou d'affaire comme pour l'encadrement de production, on parle indifféremment de « management ». Mais ces deux domaines ne doivent pas moins être distingués. Ils ne mettent pas en jeu le même type d'activité et de relations, et ne sont pas soumis au même type de contraintes.

Les objectifs à atteindre en termes de délai, de coût et de qualité du produit sont valables pour l'ensemble des activités, mais la mobilisation et la responsabilisation sur ces objectifs ne s'opèrent pas de la même façon. Animant une équipe de production ou ayant la responsabilité d'une ou de plusieurs zones autonomes de production, l'ingénieur est clairement dans une position hiérarchique d'encadrement et se doit d'assurer l'organisation du travail et le management du personnel placé sous sa responsabilité. Les équipes qu'il dirige peuvent comporter un nombre important de personnes aux fonctions et aux qualifications variées : ingénieurs, techniciens, maîtrise et personnel ouvrier.

Il n'en va pas de même au sein des équipes transversales travaillant sur une affaire ou un projet lié à un bureau d'études ou à une direction technique. Celles-ci n'ont pas la même taille que les équipes de production et leur composition apparaît plus homogène : ingénieurs et techniciens. La fonction d'un responsable d'un projet ou d'une affaire n'est pas à proprement parler de commander des hommes dépendant directement de lui dans la hiérarchie. Il est de coordonner leurs compétences professionnelles, d'animer le travail de l'équipe mise en place, de gérer les interfaces entre les différents services. Dans ce cadre, on parlera plus volontiers de communication et de négociation « d'égal à égal ». Dans ce type de rapports où le management entre en jeu, il existe moins de différences et de cloisonnements entre statuts, les rapports au sein de l'équipe et l'ambiance de travail ne sont pas de même nature que ceux qui peuvent exister dans le secteur de la fabrication. Et, ajoute-t-on parfois, « vous aurez moins affaire au syndicat ».

La technique demeure une référence centrale

L'importance prise par cette part managériale de l'activité ne nous paraît pas remettre fondamentalement en cause la validité de la référence au « métier » d'ingénieur structuré à partir de la technique.

Tout d'abord, les ingénieurs interrogés qui relativisent dans leurs propos la part technique de leur activité au profit des fonctions gestionnaires et managériales ont tendance à oublier qu'ils disposent déjà d'un acquis scientifique et technique. La réflexion parfois entendue : « S'il n'y avait que des problèmes techniques, on n'aurait jamais d'embêtements », implique un non-dit. Elle présuppose des connaissances et une maîtrise des problèmes qui n'ont rien de spontané et de naturel.

Par ailleurs, dans l'activité d'un ingénieur en entreprise, la dimension technique nous semble constamment présente, même s'il n'y a pas intervention directe sur le matériel ou le produit, et ce, sous une double modalité :

– la compétence technique demeure le fondement de l'autorité professionnelle, autorité qui dispose d'une relative autonomie et peut ou non coïncider avec les structures et les fonctions hiérarchiques ;

– la technique irrigue en arrière-fond les autres activités et détermine un rapport spécifique de l'ingénieur à ces activités.

La compétence technique demeure le fondement de l'autorité

La reconnaissance des compétences techniques au sein d'un collectif de travail constitue le fondement solide de l'autorité de l'ingénieur dans son activité en entreprise. Les techniciens expérimentés connaissent leur métier et disposent d'un certain charisme, ils acceptent donc difficilement une autorité hiérarchique. Ils peuvent en outre selon l'ancienneté avoir des habitudes de travail arrêtées qu'ils estiment être nécessairement les meilleures. Il arrive parfois que de jeunes ingénieurs diplômés en fassent l'expérience : les techniciens peuvent toujours leur tendre quelques embûches.

Cette compétence ne repose pas seulement sur un fond de connaissances et de savoir-faire déjà acquis : « L'autorité n'est pas seulement fondée sur un fond technique, indique un ingénieur responsable de projet, mais sur une capacité à comprendre un problème technique donné, et puis derrière à poser les bonnes questions qui font que, même sans connaître en profondeur la technique donnée, j'arrive à maîtriser suffisamment le problème pour pouvoir m'imposer aux gens. »

La présence de la dimension technique dans les autres activités

S'il existe des caractéristiques propres à l'activité de management, cela ne signifie pas pour autant que la technique y soit complètement absente. Même lorsque l'ingénieur n'est pas amené à traiter directement de problèmes techniques, ses connaissances dans ce domaine constituent un arrière-fond toujours potentiellement mobilisable. Il faut pouvoir y faire référence quand on en a besoin.

Quant aux autres activités extérieures à ce domaine, les descriptions faites par les ingénieurs montrent qu'en fait elles mettent en jeu des compétences techniques. C'est précisément cela qui spécifie l'abord de ces domaines par les ingénieurs par rapport aux autres catégories.

La gestion des interfaces n'est pas purement organisationnelle, mais coordination et mobilisation des compétences professionnelles, contacts transversaux constants entre les différents corps de métier. Il faut donc être capable de comprendre ces corps de métier, leur langage et leurs problèmes spécifiques. Dans le management d'une équipe de production, les décisions à prendre impliquent également une dimension technique. La reconnaissance de compétences dans ce domaine est la condition pour être accepté et reconnu par ceux que l'on encadre.

Dans les éléments de gestion budgétaire que l'ingénieur est amené à traiter, la connaissance technique entre également en jeu. Chiffrer un projet, les modifications à apporter au processus de production ou une opération de maintenance suppose une connaissance fine des éléments techniques qui entrent en ligne de compte.

Enfin, le contact que peut avoir éventuellement un ingénieur avec le client se distingue d'une relation purement commerciale. L'ingénieur n'est pas amené à « démarcher » le client, mais il peut jouer une fonction d'appui technique au secteur commercial lors des discussions d'un nouveau projet. Le « retour client » est étroitement lié au développement de la qualité, non pas en termes d'image et de marketing, mais du point de vue des améliorations techniques à effectuer sur le produit et sur le processus de sa fabrication.

Le management des hommes : un domaine à part

Dans le champ des compétences hors techniques, on souligne les difficultés qui peuvent exister dans le domaine de la gestion et de la communication. Ces difficultés ne paraissent pas néanmoins être d'une importance extrême, à condition qu'une formation prenant en compte ces activités ait lieu. Il en va de même en matière de communication dans le travail, où l'on souligne l'importance à accorder à l'expression orale, à la rédaction de notes et de rapports, à la tenue de réunions, à la conduite d'entretiens...

C'est dans le domaine spécifique du management de la ressource humaine que les problèmes paraissent les plus difficiles à résoudre. Ce domaine est considéré « à part » et comme tel on doute qu'il puisse s'apprendre par la formation : « Au niveau technique on s'en sort. Au niveau gestion, on va s'en sortir : il n'y a rien d'extraordinaire pour tenir un budget, gérer les stocks... Ça s'acquiert, ça s'apprend. En revanche, recevoir un délégué, communiquer avec lui... » « On a du mal à voir comment les gens vont réagir, comment ils se comportent dans telle ou telle situation. Cela, on ne sait pas du tout l'appréhender avant de l'avoir vécu soi-même. »

Identité sociale/identité professionnelle

La perte de la pertinence de la référence à un métier d'ingénieur a été antérieurement soulignée par des sociologues du travail[1]. A partir de l'étude de l'emploi du temps de travail des ingénieurs, ceux-ci ont mis en évidence les différenciations de l'activité, différenciations qui amènent des positionnements divers du point de vue de la carrière, des opinions et des attitudes, des comportements dans et hors travail...

De la constatation qu'un nombre très important d'ingénieurs s'occupent peu de technique et dans un nombre croissant de cas n'en font plus du tout, on peut déduire que la référence au « métier d'ingénieur » n'est plus valide. Dans l'activité réelle en entreprise, le facteur réellement opérant serait alors la fonction occupée dans la division et l'organisation du travail. L'intégration de la catégorie d'ingénieur dans celle plus vaste des cadres et le poids du cursus de formation initiale dans la constitution de l'identité de groupe constituent les deux thèmes centraux de cette problématique : « Entre le XIXe siècle où l'ingénieur pouvait se définir par un métier et aujourd'hui, il s'est produit une sorte de désingularisation de l'ingénieur. On est passé de l'ingénieur au cadre qui, lui, se définit d'abord par une position dans un réseau hiérarchisé. Les ingénieurs

1. Georges BENGUIGUI, Antoine GRISET, Annie JACOB et Dominique MONJARDET, *Recherche sur la fonction d'encadrement*, Groupe de sociologie du travail, 1975.

sont devenus une sous-catégorie au sein d'un ensemble plus vaste, les cadres. Et ce qui est commun à ces ingénieurs, à cette sous-catégorie, ce n'est plus un type d'activité, c'est leur formation, leur titre d'ingénieur diplômé, protégé par la loi. Ce qui les réunit c'est une formation scientifique et technique qui débouche sur un statut, mais cela n'indique en rien le type de fonction que les ingénieurs exerceront dans l'entreprise[2]. »

Si cette approche souligne une évolution incontestable depuis le XIXe siècle, la question demeure : cette évolution a-t-elle rendu obsolète toute référence au métier ? L'étude de l'emploi du temps de travail des ingénieurs fournit des éléments d'information importants, mais elle en reste néanmoins à un découpage des activités qui n'entre pas dans l'analyse de leur contenu. Pour traiter du caractère obsolète ou non de la référence au métier, il nous semble important de prendre en compte le contenu effectif de l'activité et la façon dont les acteurs conçoivent leur propre identité professionnelle.

Si on considère que le cursus de formation, le diplôme et le statut constituent désormais les seuls points vraiment communs aux ingénieurs, on peut alors penser que la nouvelle filière de formation par apprentissage pourrait se voir accoler une image dépréciative par rapport aux filières classiques de formation et susciter des réactions de type corporatiste.

Nous avons directement posé la question aux ingénieurs dans les entreprises. Leur appréciation ne va guère dans ce sens. S'ils n'excluent pas des réactions de ce type de la part d'institutions de formation et d'amicales, ou encore d'individus isolés, le problème

---

2. Georges Benguigui et Dominique Monjardet, « Le travail des ingénieurs », *Culture technique*, n° 12, mars 1984.

pour eux ne se pose pas avant tout dans ces termes. Leur appréciation sur cette nouvelle filière ne relève pas d'un corporatisme lié au statut social et à leur parcours classique de formation. Ils auraient plutôt tendance à souligner les faiblesses de ce dernier : la trop grande coupure existant entre l'école et les activités effectives en entreprise. Le « passage » ou le « saut » entre les deux, font-ils unanimement remarquer, est « trop brutal ».

Pour autant, ils n'en déduisent pas l'idée que l'enseignement dispensé devrait « coller » aux réalités des entreprises : l'alternance permet une complémentarité et chaque partenaire a un rôle spécifique à jouer dans la formation. La nouvelle filière par apprentissage devrait permettre de prendre plus en compte la pratique et notamment la part des activités non techniques. Si crainte il y a, elle porte sur la pérennité de cette filière et sa capacité à développer une formation théorique de qualité dans le domaine scientifique et technique. C'est avant tout sur ce terrain que cette nouvelle filière devra faire ses preuves.

Les réactions recueillies ne se définissent pas avant tout par rapport au statut social d'ingénieur et au diplôme entendu comme repère symbolique d'identification à une catégorie sociale, mais renvoient au niveau de connaissances et de maîtrise des techniques. La référence à la compétence professionnelle et technique demeure centrale et c'est à partir d'elle que la légitimité d'une filière sera ou non reconnue.

Dans les activités d'un ingénieur en entreprise, la technique constitue une référence centrale. Elle demeure l'élément structurant du métier d'ingénieur, même si celui-ci a subi depuis le XIXe siècle des évolutions importantes. En ce sens, l'identité professionnelle d'un ingénieur ne peut être réduite ou assimilée à celle d'un manager.

On ne saurait vouloir transformer rapidement et indistinctement tous les ingénieurs en managers, sans prendre en considération leur tempérament, leurs qualités et leur souhait en termes de type d'activité. Tous ne sont pas nécessairement conduits à diriger d'emblée et directement des équipes. Certains ne le souhaitent pas, préférant exercer leurs talents dans un domaine d'activité plus spécialisé. Dans l'entreprise, la figure du manager n'est pas la seule possible, et les fonctions de management peuvent être l'aboutissement d'un parcours professionnel au cours duquel s'acquièrent l'expérience et une forme de sagesse indispensables pour effectuer correctement cette activité.

3

Contexte et difficultés actuelles du management

Dans le domaine du management, les difficultés qui peuvent exister aujourd'hui sont loin de se réduire à des problèmes comportementaux et relationnels. Une partie des difficultés rencontrées est d'ordre structurel : maintien de cloisonnements et de « territoires » compartimentés à l'intérieur de l'entreprise. Mais les résistances soulignées dans les entretiens réalisés sont d'un autre ordre. Elles concernent très directement les contraintes qui pèsent sur cette activité dans le contexte économique actuel et les nouvelles orientations et méthodes développées par le management.

Conjoncture et compétitivité

Les restructurations et les rachats d'entreprises, le développement du chômage et la crainte toujours présente des suppressions d'emplois et des licenciements créent un climat à l'intérieur des entreprises qui n'est guère favorable à la « mobilisation de la ressource humaine », dont on souligne pourtant l'importance décisive dans la production aujourd'hui.

L'inquiétude face à un avenir incertain

Nombreux sont les documents et les explications fournis sur les nouveaux défis qui sont posés à l'entreprise, sur les orientations et les objectifs fixés par la direction... On peut sans cesse rappeler les exigences de la situation : nouvel environnement international et national, nouvelles exigences des usagers, nécessité d'une plus grande ouverture sur l'environnement... Pour plus ou moins pertinentes que puissent être les explications données, elles sont loin néanmoins de parvenir à rassurer les salariés quant à l'avenir de l'entreprise et leur propre avenir professionnel. Ce qui apparaît clairement en revanche aux yeux de tous, c'est qu'aujourd'hui on demande un type d'implication, un niveau d'exigence en termes de compétences, de productivité et de qualité, bien supérieur à celui qui a pu exister dans le passé.

L'encadrement se trouve directement impliqué dans la réalisation des plans de réduction des effectifs : « Le travail typique auquel est confronté l'ingénieur de production, il reçoit des consignes de la direction : "Regardez si chez vous on ne peut pas supprimer trois postes", et il faut qu'il se débrouille. C'est lui qui va être au contact des gens. C'est sûr que la responsabilité incombe toujours au directeur. Mais c'est quand même lui qui participe à ça. » Pour ceux qui ont vécu plusieurs plans sociaux et qui risquent d'en connaître d'autres, ces situations sont très difficiles à vivre humainement et laissent des traces.

« Des gestionnaires purs et durs »

Les nouvelles exigences de compétitivité sont résumées dans le triptyque : qualité, coût, délai. Dans certaines entreprises, la recherche des gains de productivité passe désormais avant tout par la mobilisation du personnel et l'amélioration des procédés de fabrication existants. Sur une zone de production donnée, on développe ainsi des chantiers où l'on observe dans le détail la façon de travailler des salariés. Il s'agit de « faire la chasse à toutes les petites anomalies qui coûtent de l'argent » et, pour ce faire, on appelle les travailleurs à se mobiliser pour trouver toutes les astuces possibles permettant un gain de temps.

Dans le contexte économique actuel, on assiste à un resserrement de la gestion budgétaire qui se traduit dans l'entreprise par le développement du pouvoir et de la pression des services comptables. Les ingénieurs doivent désormais savoir composer directement avec eux : « De plus en plus, les sociétés sont gérées avec des gestionnaires purs et durs et il faut être capable de dialoguer avec eux. C'est vrai que nous, on voit le problème avec un cœur de technicien et avec l'envie de faire quelque chose. Eux le voient différemment : en termes de retour sur investissement, des choses de ce genre-là, et puis ils nous disent : eh bien, je suis désolé, mais ça ne vaut pas le coup qu'on travaille là-dessus. »

L'aspect économique de l'activité technique est désormais constamment présent. Dans le secteur « études », les coûts sont intégrés d'emblée dans la définition des projets et les chiffrages sont de plus en plus fins et contrôlés : « L'ingénieur de projet est en même temps un ingénieur d'affaires. Il va être responsable de son chiffrage et s'il s'est "planté" dans son chiffrage, cela va se voir en fin de projet. D'où une gestion fine, parce qu'en fort climat concurrentiel les chiffrages sont de plus en plus fins, les marges de plus en plus étroites et la gestion de projet devient fondamentale, parce que c'est là où l'on dégage ou non un bénéfice. »

Dans le secteur de la fabrication, cette préoccupation est également présente : « L'ingénieur manage une équipe, il manage un budget, il suit un budget parce qu'une équipe est toujours associée à un budget.»

Il en va de même dans le secteur de la maintenance, où la notion de service global implique la fiabilité technique de l'outil de production, autant que l'établissement et la tenue du budget: «Il faut avoir à la fois un service technique, financier et budgétaire complet, être capable de dire face à une panne: ça marchera et ça coûtera tant.»

Les effets paradoxaux de la compétitivité

Dans la bataille de la compétitivité, les cadres sont les premiers concernés par les appels à la mobilisation. Le problème étant posé dans la plupart des cas en termes de survie d'une partie ou de la totalité de l'entreprise, la pression qui pèse sur eux est importante.

Une telle pression peut aboutir à des résultats paradoxaux. Alors qu'on ne cesse de souligner la nécessité d'une plus grande coopération de tous dans le travail, l'exigence de la performance à tout prix et la crainte du chômage peuvent amener un repli individuel qui ne va pas dans le sens de la coopération souhaitée.

Le témoignage d'un cadre est particulièrement révélateur de ces contradictions: «On pousse les jeunes à en vouloir, et d'un autre côté on leur demande de travailler en équipe, et d'un autre côté encore, on se débrouille pour qu'ils se battent entre eux... Du fait du chômage, les gens sont astreints à se dire: "Attention, il faut que je reste à ma place, il faut que je tienne bon parce que je n'ai pas envie de me faire virer." Il y a toujours une certaine méfiance. On n'a pas envie de partager tout avec son collègue parce qu'on a envie d'avoir du travail et on leur demande de travailler en équipe le plus possible... Il y a des choses qui me choquent. Il n'y a pas que la seule voie du gars qui gagne qui soit la bonne. »

Le management doit faire face parfois à des exigences paradoxales, comme le souligne un responsable d'atelier : « On a des consignes en termes de management. On nous demande de mettre ou de ne pas mettre la pression, on nous demande d'être participatif ou directif. Je caricature un peu, car dans la réalité c'est plus nuancé. On nous demande d'être participatif mais aussi de tenir à tout prix les objectifs. A partir de ce moment-là... »

De la culture de métier au « client roi » ?

Certaines orientations et pratiques managériales peuvent laisser penser qu'on pourrait purement et simplement remplacer l'identité professionnelle, structurée autour de la technique et du métier, par une identité nouvelle fondée sur l'image d'une entreprise moderne et performante centrée sur le service rendu au client. Une telle orientation est loin d'aller de soi. L'opposition entre ces deux perspectives au profit de la seconde peut apparaître comme une sorte de fuite en avant qui contribue à renforcer le malaise existant.

La priorité à accorder aux exigences du client n'a rien de spontané pour des ouvriers et des techniciens ayant leurs propres valeurs professionnelles et des habitudes de travail fortement ancrées. Celles-ci ne sauraient être considérées comme des survivances d'un autre âge : « Avant, les gens se projetaient dans le geste technique. Ils savaient qu'un jour ou l'autre, dans vingt, trente, quarante ans, on retrouverait par exemple leur signature sur une soudure. Du jour au lendemain, on leur a dit : "Maintenant, on fait autre chose, on va faire du polyéthylène." Mais le problème, c'est qu'on ne leur avait pas expliqué que le travail dont on avait besoin n'était pas de faire une belle soudure. Le problème maintenant, c'est d'alimenter le client pour rendre un service au client. Ce n'est pas du tout pareil, c'est un changement complet de mentalité. Avant, les gens tenaient à une certaine belle œuvre, maintenant ils s'en fichent. Ce n'est pas ce qu'ils demandent. Ce qu'ils demandent c'est un service. Ça change tout. »

Une telle évolution implique un autre type de rapport au travail : l'implication et la gratification que l'individu peut trouver n'est pas du même ordre. Pour les agents issus d'une culture de métier, cette évolution n'est pas sans risque du point de vue de la « motivation au travail » : « Auparavant, c'était plus facile de motiver quelqu'un par le travail. Maintenant, c'est moins palpable, c'est moins valorisant immédiatement. Mais il faut retrouver une référence. Il faut valoriser le travail de la personne en tant que rapidité d'exécution, donc de meilleur rendement dû au service, de reconnaissance du client, de l'entreprise... Tant que l'individu n'a pas acquis ce transfert de référentiel, il ne retrouve pas sa motivation. Vous avez des gens qui travaillent actuellement sans motivation. En revanche, si au travers du service rendu il y a une bonne image de marque qui rejaillit sur l'entreprise et si la personne sait qu'elle participe à cette image de marque par sa façon de faire, elle va pouvoir se remotiver. L'appartenance à un groupe qui fonctionne bien, c'est valorisant. »

De tels propos soulignent l'importance du problème, ils en cernent les risques : la priorité accordée aujourd'hui au client se traduit par de nouvelles exigences qui peuvent venir heurter de plein fouet une culture professionnelle et technique demeurant un repère identitaire central. Pour le responsable précédemment cité, un « transfert de référentiel » est néanmoins possible.

A nos yeux cependant, des questions demeurent : les nouveaux repères d'identification mis en avant par une logique qui place le client au centre de ses préoccupations peuvent-ils être aussi solides que ceux de la culture de métier ? Doit-on du reste vouloir à tout prix passer d'un modèle à l'autre ?

Du « geste technique » et de la « belle œuvre » au « service rendu au client », le changement est important. Il n'est pas sûr que l'« image de marque » et la valorisation due au fait de « participer à une entreprise qui marche » puissent aisément se substituer à la « beauté du geste technique » et au « goût du travail bien fait » pour lui-même et non en fonction des exigences du client ou des managers. Le développement d'une culture centrée sur le client et des compétences dites comportementales (autonomie, responsabilité) et relationnelles (internes et externes) constitue un basculement qui n'a rien de naturel, surtout lorsqu'on entend y parvenir au plus vite en considérant qu'on n'a pas le choix. La culture de métier a ses propres exigences de qualité, sa « logique de l'honneur [1] » et du travail bien fait qui ne s'accorde pas naturellement et nécessairement avec les exigences du consommateur, lequel entend être satisfait au mieux, au moindre coût et au plus vite.

Une mobilisation permanente

Depuis les années quatre-vingt, dans nombre de grandes entreprises, les appels à la mobilisation et les réformes n'ont pas cessé. L'importance des changements opérés est soulignée par tous les cadres interrogés : « C'est une évolution permanente qui demande

1. Philippe D'IRIBARNE, *La Logique de l'honneur*, Seuil, Paris, 1989.

beaucoup d'efforts, on n'est jamais au repos.» L'information, la sensibilisation ont été largement développées à travers de multiples documents, stages et réunions. Parallèlement, on a procédé à des changements organisationnels importants: rétrécissement de la ligne hiérarchique, développement des modes de coopération entre les structures de métier, développement de la coopération entre les secteurs de la maintenance et de la conduite. On a mis en place de nouveaux moyens d'évaluation et de contrôle des compétences et des résultats.

Les effets de cette mobilisation et de ces réformes sont loin d'être négligeables du point de vue de l'efficacité et de la productivité du travail, de la qualité des produits et des services rendus, de la maîtrise et du contrôle de l'activité et de ses résultats. Mais des questions centrales demeurent: comment le personnel concerné a-t-il perçu ces changements? Quels ont été les effets pratiques de ces changements dans leur travail quotidien?

Les appels répétés à la mobilisation générale, à l'autonomie et à la responsabilité de tous, les nouvelles exigences en termes d'activités et de compétences ont produit sur les salariés des effets qui n'ont pas toujours été ceux escomptés. Une intense activité communicationnelle et des changements multiples et successifs dans l'organisation du travail peuvent occasionner des déstabilisations en chaîne et un malaise diffus entraînant une crise du management.

Une communication hermétique

Comme le dit si bien un cadre rencontré dans notre enquête: «Il y a des écarts d'identité, de savoir, de représentation entre le haut et le bas qui sont tels que ce n'est pas parce qu'on dit à un moment: “On met de l'information à disposition", qu'on produit de l'information sous des formes diverses et variées, que pour autant elle est bien comprise. » Tous soulignent cette difficulté : « Il y a peut-être un décalage culturel qui n'est pas toujours pris en compte par les managers. Il faut s'apercevoir par moments qu'il y a des messages qui peuvent passer parce que c'est compréhensible, clair, parce que ça correspond à l'environnement de l'agent. Il y a d'autres messages qui sont complètement hermétiques. Les gens ne les comprennent pas et en plus ça ne les intéresse pas du tout. Il ne faut donc pas faire de la communication pour faire de la communication. Il faut en fait savoir se mettre à la place de l'autre, savoir quelles sont ses préoccupations et comment il peut appréhender une information. »

Le vocabulaire nouveau issu des milieux du management et de la formation n'est pas évident à saisir. Le maniement des termes comme « plans stratégiques », « programmes d'actions prioritaires », alliés aux « contrats d'objectifs » divers et variés, aux « référentiels de compétences », aux « outils de bilan » ou d'« évaluation »..., n'a rien de naturel. Au-delà des difficultés de compréhension, il peut en ressortir l'idée générale d'une sollicitation à se mobiliser et à agir qui ne manque pas d'inquiéter : « Pourquoi tout ce battage ? Que nous prépare-t-on ? »

Étant placé à l'interface entre la direction et le personnel d'exécution, l'encadrement va adapter ce langage et tenter de fournir les explications nécessaires : « Il y a un décalage. Déjà nous, on a parfois du mal à bien comprendre ce qu'ils veulent, et nous sommes quand même en contact tous les jours avec les agents. Quand on quitte ce genre de fonction et qu'on ne revient pas en opérationnel, on oublie très vite. Alors nous qui sommes en contact, on trie, on simplifie, on transmet, on modifie, je veux dire on traduit. »

Il s'agit d'abord d'essayer tant bien que mal de rassurer les salariés, d'expliquer le bien-fondé des orientations de la direction, d'éviter les fausses informations ou les fausses nouvelles, d'éviter que chacun prête à l'autre des arrière-pensées qu'il n'a pas forcément.

« Que nous veulent-ils au juste ? »

On assiste en fait à un double phénomène : d'un côté, le développement d'un appel constant à la mobilisation générale, à l'autonomie et à la responsabilité, de l'autre, la généralisation des « contrats d'objectifs » à tous les niveaux, le développement sans précédent d'outils d'évaluation et de la performance individuelle et collective. C'est comme si on avait voulu opérer une sorte de « révolution culturelle » à l'intérieur des entreprises impliquant une remise en cause généralisée de l'organisation et des habitudes de travail. On ne se contente pas simplement de diffuser largement les grandes orientations et objectifs. On multiplie les réunions d'information et de mobilisation, de bilan et d'évaluation, on passe de multiples contrats d'objectifs, on affiche les chiffres des résultats obtenus, on multiplie les outils d'évaluation et de contrôle des compétences et de la performance individuelle et collective. Il en ressort une appréhension de la réalité non seulement en termes d'exigences et de contraintes nouvelles mais d'inquiétude individuelle et collective qui renforce le désarroi ambiant. Ce climat général de mobilisation accompagné souvent d'un surinvestissement dans le travail de la part de certains cadres finit par lasser et suscite la méfiance.

Les appels à la mobilisation, les changements répétés dans l'organisation du travail peuvent s'accompagner d'une dégradation des conditions de l'activité, d'une intensification du travail et d'une surcharge des tâches, sans contrepartie économique et sociale. Dans les entreprises, la nécessité de la survie constitue souvent l'argument massue : « De toute manière, la survie de l'entreprise ne passe que par une amélioration de la qualité. Si on ne l'améliore pas, on coulera par un moyen ou par un autre, et si on l'améliore, ce n'est pas dit qu'on ne coule pas. » La combinaison de ces éléments entraîne un climat de rancœur et de mécontentement.

Une rhétorique de l'autonomie et de la responsabilité

L'exigence d'autonomie et de responsabilité se heurte à une insuffisante prise en compte de la situation et du niveau de formation des agents d'exécution. Ceux-ci ont été considérés pendant longtemps comme la « cinquième roue du carrosse » : peu de recrutement et de formation, peu de mobilité et de promotion. Ces agents sont très directement confrontés à des exigences en termes de productivité, d'autonomie et de responsabilité, de compétences... qui ne manquent pas de les inquiéter.

En l'affaire, le tournant pris peut apparaître quelque peu rapide, comme l'indiquent nombre de cadres interrogés : « Ils ne sont pas équipés pour le changement. J'ai mis du temps à m'en rendre compte. Ils n'ont pas fait d'études longues. La communication telle qu'on la pratiquait et telle qu'on la pratique encore est peu adaptée. On ne prend pas suffisamment en compte le manque d'outils de base. Les choses qui leur manquent sont très difficilement perceptibles. On n'imagine pas les difficultés, on s'en aperçoit par hasard quand on leur demande de faire telle ou telle chose. On dit : il faut faire du conseil tarifaire pour la clientèle. Et puis vous découvrez en travaillant avec les gens sur ce problème-là que beaucoup ne savent pas faire une règle de trois. Alors, cela ne sert à rien de faire des stages conseils tarifaires. Il faut revenir aux compétences de base. »

Dans ces conditions, on comprend que l'appel constant à l'autonomie et à la responsabilité ait des difficultés à produire des effets : « Ce n'est évidemment pas leur faute, on ne peut pas leur en vouloir : l'entreprise les a délaissés, les a laissés au même niveau pendant des années. »

C'est ce même type de problème que l'on retrouve dans la « gestion de projet » qui concerne le personnel ouvrier : « On joue sur des microprojets avec des acteurs qui, il y a cinq ans, étaient des assistés, enfin des gens sortis tout droit de l'organisation très taylorienne. Le gars, il partait le matin avec sa caisse à outils, sa gamme, son truc, avec son contremaître qui lui avait dit : "Aujourd'hui, tu vas travailler sur tel ou tel truc." Dès qu'il avait un problème, il rentrait à l'atelier et disait : "Chef, il me manque un joint. Je ne l'ai pas. Qu'est-ce que je fais ?" Aujourd'hui, trois ou quatre ans après, on dit au même individu : "Écoute, maintenant tu es sur un projet, tu gères telle affaire, tu te débrouilles", et les gens ont beaucoup de mal à gérer cette espèce d'autonomie pour laquelle ils n'ont pas été préparés. »

Les nouveaux outils de la performance

Les entretiens individuels d'évaluation formalisés s'effectuent désormais à tous les échelons. Dans certains cas, la fiche d'évaluation remplie par la hiérarchie reste sa propriété. Celle-ci ne doit pas en donner une copie à l'intéressé, mais peut la commenter devant lui. On s'est en fait aperçu que ces appréciations laissent des traces : les fiches d'appréciation individuelle suivent le *turnover* interne.

Si l'on estime que ces nouvelles méthodologies d'évaluation peuvent permettre, sous certaines conditions, de réduire la part du facteur subjectif dans l'appréciation individuelle, on reconnaît néanmoins que ce sont des « outils lourds à manier », développant une méthodologie formelle, dont le caractère objectif et neutre n'est pas évident.

Peut-on tout mesurer à l'aide d'outils ?

On peut comprendre la nécessité de méthodes formalisées pour l'évaluation, mais il est des outils particulièrement sophistiqués qui poussent le dogmatisme et le formalisme à l'extrême.

Se présentant sous la forme d'un guide d'entretien, un de ces outils est par exemple censé parvenir à élaborer une « image professionnelle » et une « image personnelle » de l'agent évalué. Outre les aspects strictement professionnels et la prise en compte des souhaits de l'agent concernant son avenir professionnel, cet outil décline une série de compétences et de qualités correspondant à chaque image. L'« image professionnelle », outre les aspects techniques et de savoir-faire, prend ainsi en compte : « attitude par rapport au client externe et interne », « animation », « information », « aptitude à la négociation », « capacité à déléguer »... A chacune de ces grandes catégories correspondent deux items marqués du signe + et du signe -.

On peut lire, par exemple, dans le thème « animation » :

« + excellent animateur de son équipe – crée une ambiance constructive et dynamique – force de conviction – agréable – sociable – positif vis-à-vis des autres...

– freine les initiatives – n'a pas son équipe en main – isolé, peu admis – humeurs et réactions inégales... »

A d'autres items positifs comme « anticipe, prévoit, apporte ses connaissances aux autres » (rôle de formateur-conseil) répond en négatif : « individualiste – n'apporte ni aide ni idée ».

L'« image personnelle », quant à elle, est censée permettre d'évaluer nombre de compétences ou de qualités telles que l'« aptitude au changement », l'« autonomie », la « force de proposition », la « force d'innovation », la « motivation », la « disponibilité », la « contribution aux orientations de l'entreprise »... Parmi les items + correspondants, on trouvera par exemple : « attentif – prêt à toute évolution dans son travail », « agit de manière autonome », « participation active, efficace – optimiste – courageux – tenace – persévérant », « adhésion aux objectifs de l'entreprise »... En contrepoint, les items négatifs sont les suivants : « vite distrait – réticent pour les nouveautés », « peu constructif – n'entreprend rien », « manque de maturité – vite découragé – manque de persévérance dans l'effort – pessimiste – ne surmonte pas les difficultés », « n'adhère pas aux objectifs »...

La synthèse du tout s'effectue grâce à un graphique dont la surface (quartiers du cercle) et les longueurs (rayons du cercle) sont utilisées pour mieux visualiser les résultats. Exemples : « L'idéal pour huit objectifs est un cercle 100 % rempli. » « L'idéal pour huit objectifs est représenté par un octogone régulier. » Il va de soi qu'un « document préparatoire », ou « grille d'autoévaluation », est fourni en plus à l'agent pour qu'il se prépare à l'entretien...

Ce cas peut sembler extrême, mais il n'en traduit pas moins une tendance réelle du management à fétichiser les outils qu'on considère de fait comme des sortes de remèdes miracles pour le changement, au prix d'une complète dénaturation des rapports humains dans le travail.

Des outils fétiches

Dans l'une des entreprises où a porté notre enquête, l'ensemble des moyens formalisés et mis en place en l'espace de trois ans par un responsable est impressionnant : lettres de mission, tableaux de bord des résultats, tableaux de bord de suivi en direction des chefs de groupe, contrats et tableaux concernant la production du groupe... Ces tableaux mesurant au plus près la progression sont communiqués au fur et à mesure aux salariés concernés, les courbes de résultats sont affichées et commentées tous les mois lors d'une réunion.

Il existe un « plan de contrôle de l'activité de tous les agents au quotidien ». Dans ce domaine, l'outil informatique peut se révéler très utile : « J'arrive à 7 h 30 le matin, mes chefs de groupe arrivent à 8 heures. Quand ils arrivent j'ai déjà une vision de ce qui va et de ce qui ne va pas. A travers le micro, je vois aussi bien qu'eux tout ce qui se passe dans le groupe et, dans les discussions, je leur signale : celui-là, il nous a fait une affaire qui n'est pas bonne, l'avez-vous vu ? »

La mise en place de ces multiples outils de contrôle semble néanmoins souffrir d'un défaut : les agents ne sont pas encore suffisamment impliqués et le responsable en question a du mal à percevoir ce qu'ils en pensent : « Les agents commencent à nous remonter des choses, mais très peu de choses. Ils nous remontent les problèmes. La première étape, c'est qu'ils nous remontent non pas les problèmes sous forme de revendication, mais sous forme de situation. Quelques-uns le font déjà. Mais nous, ce qu'on cherche, c'est qu'ils nous remontent un problème avec une proposition de solution, parce qu'ils sont acteurs et ont les cartes en main. Ce qui nous manque aujourd'hui, c'est que les gens s'approprient un peu plus le plan d'action et le fonctionnement. Aujourd'hui, le plan d'action, c'est quand même une forte émanation de l'encadrement. On arrivera à progresser le jour où ce seront les agents qui nous diront : "On pourrait faire ça et ça." On aura alors franchi une étape importante : ils seront devenus acteurs. Ce qui nous manque aujourd'hui, c'est qu'il y a très peu d'agents qui sont acteurs. »

Ce cadre, pour qui la construction d'outils, selon ses propres termes, constitue un « dada », s'inquiète quelque peu de l'absence de retour de la part des agents : « Ce qui m'intéresse, c'est de trouver un indicateur pertinent qui mesure la satisfaction des agents. Ce n'est pas parce que le chef de groupe fait une réunion tous les mois que les gens qui sont dans cette réunion sont des clients satisfaits... Ce qui m'intéresse est de savoir si les agents sont satisfaits. Je n'ai pas encore trouvé la solution. » Et de continuer à rechercher cet indicateur de satisfaction qui pourrait donner lieu à la construction d'un nouvel outil...

« Le nez dans le guidon »

L'application des orientations stratégiques, leur traduction en objectifs opérationnels dans les centres et services ne sont pas aisées dans une situation où existe un mal-être diffus dans le travail. Recevant des appels répétés à la mobilisation, diverses sollicitations des directions pour la mise en pratique, l'encadrement ressent particulièrement l'écart existant entre le discours, les orientations des décideurs et la façon dont ils sont perçus par les agents.

Une grande part de l'activité de l'encadrement peut consister à fournir les explications, à traduire dans un langage adapté les orientations et les nouvelles exigences, à mobiliser les agents dans la réalisation des objectifs qu'ils auront eux-mêmes traduits sur leur secteur, à évaluer les compétences et les résultats, à négocier avec les salariés leur avancement possible...

Le temps passé « en interne » est ainsi de plus en plus important : séminaires, préparation de réunions, réunions, fixation d'objectifs, élaboration de circulaires, de contrats d'objectifs, d'outils d'évaluation et de contrôle... Ces activités s'ajoutent aux tâches habituelles correspondant à la fonction et au poste. Il en ressort une impression de surcharge de travail et d'excitation qui, en répondant aux sollicitations et en réglant les problèmes au fur et à mesure qu'ils se présentent, conduit à perdre tout recul réflexif et prospectif sur le plus long terme. L'expression « avoir le nez dans le guidon », employée par les cadres, traduit bien ce phénomène.

Le changement : pour quoi faire ?

Le nouveau type de management ne cesse d'en appeler à l'autonomie et à la responsabilité de tous, à la capacité de s'adapter rapidement aux évolutions. Il implique des remises en cause en termes d'habitudes de travail, d'évolution des compétences et une plus grande implication dans le travail qui ne vont pas de soi.

Comme le dit un des ingénieurs interrogés : « On peut concevoir un robot, on le programme. L'homme, à partir du moment où vous lui demandez d'être réactif et de s'adapter avec beaucoup de flexibilité à des orientations, à des options de produit, à des options de fabrication, eh bien, il faut déjà le convaincre. »

Changer les hommes ?

Pour certains, le nouveau management suppose un changement complet d'état d'esprit dans le rapport au travail qui n'a pas encore vraiment eu lieu : « C'est plus facile de manager avec des gens décidés qu'avec des gens qui ne le sont pas. La seule question est de savoir comment faire pour motiver. [...] Les seuls outils à mon avis capables d'améliorer la motivation, ce sont l'information, la communication et la formation. Il faut que les gens comprennent et qu'on dépasse la spirale : je bosse pour un salaire, un point c'est tout. »

Les difficultés rencontrées dans l'activité de management peuvent alors être appréhendées comme de simples résistances subjectives au changement. Les interrogations, les inquiétudes pouvant exister sont unilatéralement considérées comme la marque d'habitudes, de corporatismes, voire de privilèges défendus par des organisations syndicales qui sont elles-mêmes en difficulté. On peut alors considérer, plus ou moins explicitement, qu'on pourrait de façon volontariste passer outre, et qu'avec le temps, avec la disparition d'anciennes catégories du personnel et en misant sur la perte d'influence des syndicats, ces obstacles disparaîtront d'eux-mêmes. « N'importe comment, souligne-t-on parfois, si nous voulons nous adapter, nous n'avons pas le choix. »

A l'opposé d'une telle optique, la majorité des cadres rencontrés souligne la nécessité de se rendre compte des différences existant entre le « haut » et le « bas » si l'on veut parvenir à ne laisser personne de côté dans les évolutions nécessaires. Le management, indique-t-on alors, doit être « de proximité », capable de « sentir le terrain » pour « accompagner dans le changement ».

Reconnaître les différences

Une des principales difficultés rencontrées, chez nombre de cadres, réside dans l'incapacité ou la difficulté à se décentrer, à reconnaître qu'existent à côté d'eux des salariés qui n'ont pas le même rapport au travail ni le même type de préoccupations.

L'expérience d'une jeune responsable et les leçons qu'elle en tire nous paraissent de ce point de vue particulièrement intéressantes : « Quand je suis arrivée dans ce poste, je trouvais qu'il était important de chercher à développer le fait que les groupes de travail résolvent eux-mêmes un problème qu'ils avaient soulevé. Je pensais que c'était quelque chose que les agents attendaient depuis toujours. Or, ils n'attendent pas que ça et ils ne trouvent pas que ce soit une révolution si importante de leur proposer ça. Ce qu'ils attendent n'est pas forcément évident à percevoir. Ils attendent qu'on leur trace clairement là où ils doivent aller et le temps qu'on leur donne pour y aller. Pour les agents, il y a des changements qui leur paraissent phénoménaux alors que pour nous, ils nous semblent tout petits. Et l'inverse est aussi vrai : des choses qui peuvent nous paraître importantes, comme leur donner l'occasion d'élaborer leurs propres objectifs, ce n'est pas forcément ce qui les intéresse. Avant de commencer à travailler, il y a une chose que j'ignorais à propos du management participatif, c'est le frein naturel que les gens développent au moment où on leur propose un mode de management différent. Il faut beaucoup de temps pour qu'ils en voient l'intérêt. On ne voit pas de la même façon cette notion de changement selon l'endroit où l'on se place. »

Ces propos peuvent paraître de bon sens. Ils rompent en fait avec toute une conception sous-jacente au courant volontariste du management qui entend adapter l'entreprise en faisant fi dans la pratique de l'écart existant entre « ceux d'en haut » et « ceux d'en bas ». La surcharge et le surinvestissement dans le travail de certains cadres peuvent accentuer la coupure avec les agents qui n'ont pas le même type d'implication dans le travail : « Quand on abandonne à ce point-là sa vie privée, son développement personnel et bien d'autres choses encore, eh bien ça nuit à la vie et ça accentue la coupure avec les gens de l'exécution, qui sont beaucoup moins déconnectés de la vie privée et sociale que certains chefs. »

Le mal-être et l'inquiétude sur l'avenir ne peuvent être purement et simplement assimilés à des habitudes issues du passé, à des corporatismes ou à des privilèges. Autant d'obstacles qu'on prétendrait lever en développant la communication, la mobilisation, les outils d'évaluation et de contrôle... Il ne s'agit pas seulement d'un problème de « motivation », de « bonne ou de mauvaise volonté » ou encore de corporatisme. Il existe, pour le moins, un problème réel de compréhension de ce qui est au juste demandé dans un climat général d'inquiétude quant à l'avenir. Les salariés ont conscience que les exigences et la pression qui pèsent aujourd'hui sur eux sont beaucoup plus fortes que par le passé, sans que pour autant ils s'y retrouvent en termes de rémunération, de conditions de travail et d'emploi. La crainte du chômage n'empêche plus la montée de revendications salariales par rapport aux efforts demandés.

4

Le management comme activité

« Le management n'est pas qu'une affaire de compétences qu'il suffirait d'acquérir ou de développer par des stages de formation ; l'essentiel n'est pas là. » Tel est le point de vue clairement affirmé par ceux-là mêmes qui pratiquent cette activité.

A l'inverse d'une perspective globalisante et réductrice, en s'appuyant sur la parole et la pratique des acteurs interrogés, nous avons distingué quatre dimensions de l'activité de management qu'il convient de prendre en compte dans leur spécificité : une éthique en situation, des qualités humaines, des savoir-faire et des compétences.

Une éthique en situation

Décrivant leur façon de faire, nombre de cadres interrogés sont amenés à souligner l'importance que revêt pour eux un certain nombre de principes qui, disent-ils, relèvent d'une « éthique personnelle », signifiant par là que celle-ci n'est pas forcément partagée par tout le monde. Elle est formée d'un ensemble de principes que les acteurs se donnent eux-mêmes en dehors de tout cadre prescrit : principe de cohérence, « courage de dire les choses », respect de l'autre, modestie.

Ces principes constituent des repères qui guident leur pratique et n'ont de sens qu'en référence à des situations concrètes à affronter, faute de quoi ils ne manqueraient pas d'apparaître comme de généreuses déclarations d'intention dont on se méfie. Dans cette perspective, on mesure le caractère superfétatoire et vain d'une formalisation et d'une proclamation de ces principes en modèles généraux de référence ou de normes à appliquer. C'est à partir d'un échange et d'une confrontation des pratiques de management en référence à des situations précises, échange et confrontation effectués librement par les acteurs eux-mêmes, que ces principes gardent leur sens et leur effectivité.

Ces principes ne sont pas aisés à appliquer dans l'activité de travail, qui a sa logique et ses contraintes propres. Ils n'en guident pas moins la pratique de nombre de cadres qui entendent respecter les personnes qu'ils dirigent et garder l'estime d'eux-mêmes. Ces principes visent à éviter la manipulation dans le commandement des hommes en entreprise.

La cohérence entre ses paroles et ses actes

La cohérence entre les paroles et les actes engage très directement la crédibilité des cadres. Ce principe essentiel n'est guère facile à mettre en œuvre quand on est surchargé de travail. Dans l'activité quotidienne, les exemples d'incohérence sont nombreux : non-respect des horaires et des rendez-vous (« N'allez pas demander aux gens d'être à l'heure si vous ne l'êtes pas »), absence de rigueur dans l'organisation de son travail personnel... Les salariés sont sensibles à ces réalités quotidiennes et ne manquent pas d'observer les distorsions qui peuvent exister.

Les cadres ne savent pas forcément « dire non » face aux sollicitations multiples ; ils délimitent mal l'essentiel du secondaire dans une logique où tout paraît décisif et urgent. Cela amène inexorablement à commettre certains « impairs » par rapport à des engagements pris rapidement, au fur et à mesure qu'ils se présentent. Sachant que les exigences à l'égard de ses subordonnés sont plus fortes qu'auparavant, on ne saurait néanmoins leur demander d'améliorer leur travail si on ne l'améliore pas soi-même dans son propre domaine : « Si le chef ne montre pas l'exemple, ce n'est pas possible. »

« Le courage de dire les choses »

« L'éthique, dit-on encore, c'est avoir le courage de dire les choses. » Les cadres que nous avons interrogés insistent sur l'importance de ce principe qui paraît décisif dans l'établissement des rapports de travail avec les chefs, les collègues et les subordonnés.

Le « courage de dire les choses » à son supérieur hiérarchique ne va pas de soi en regard du souci de sa propre carrière et de la peur que le jugement porté sur soi soit négatif. Quand celui-ci demande d'effectuer des tâches dont vous savez pertinemment qu'il n'est pas possible de les réaliser, à cause notamment de la surcharge de travail, il faut oser le lui dire, « il faut savoir dire non ». Il en va de même lorsqu'il y a désaccord sur un jugement porté sur les subordonnés : « Un manager doit savoir défendre son équipe auprès de sa propre hiérarchie. » La juste défense de ceux que l'on dirige constitue un principe décisif de cette éthique en situation. Dans ce domaine, il est des lâchetés qui sapent profondément la confiance et qu'on ne pardonne pas si facilement.

Dans le rapport avec ses subordonnés, le « courage de dire les choses » est également décisif pour éviter tout malentendu. Il ne faut pas, dit-on, « tourner autour du pot », car cela ne manque pas de provoquer la méfiance. En fait, il existe souvent une peur, une « frilosité » devant l'autre, et le mot « courage » est bien choisi. Il faut oser dire à quelqu'un qu'on n'apprécie pas positivement son comportement dans le travail ou les résultats de son activité : « Il peut très bien ne pas être d'accord avec moi, mais au moins après il sait très bien où il en est, ce que je pense. »

Cette franchise n'exclut pas la fermeté, mais elle doit pouvoir se faire « avec doigté », en « sentant le terrain », en « choisissant le bon moment » et « dans un langage correct ». Il importe de savoir argumenter et trouver les mots justes et adaptés. L'essentiel en l'affaire est de ne pas pratiquer la manipulation : « On ne peut pas tout dire à tout le monde, mais c'est ne pas mentir aux gens, ne pas jouer avec les gens. D'abord croire à ce que l'on dit et puis on n'est pas obligé de mentir. Il faut savoir choisir le moment pour dire les choses, choisir les mots pour le dire, oui, mais mentir, non. Ou alors mentir par omission, comme on apprend dans l'éducation. »

Le respect

Parmi les cadres interrogés, certains se montrent fort critiques à l'égard de nouvelles tendances modernes du management qui valorisent certaines formes de rapprochement et de familiarité entre les membres du personnel, du haut en bas de la hiérarchie. Sans revenir à des rapports et à des rôles figés et hautains, on n'en considère pas moins que le tutoiement et la familiarité ne sont pas systématiquement de mise : « J'ai cent trente personnes dans l'agence, je n'ai pas cent trente copains. Quand on s'adresse au monde du travail, on ne parle pas de la même façon qu'à ses copains d'école. On peut dire certaines choses, mais il faut avoir une certaine retenue. Il y a quand même une certaine distance à trouver.» Une trop grande familiarité peut introduire la confusion des genres entre le travail et le privé, aboutir à des situations où les choses qui doivent être dites clairement ne le sont plus.

Le tutoiement n'a rien de naturel, tout dépend à qui on s'adresse et le type de lien qu'on a avec lui : «Tutoyer quelqu'un, ça me gêne. Le vouvoiement pour moi est un signe : cela veut dire je vous respecte et donc je demande en retour que vous me respectiez. C'est un signe de respect mutuel. Je dois le respect et la considération à l'ensemble des agents. Pour le collectif de service, où c'est quelque chose de bien soudé, où l'on travaille en permanence ensemble, ce n'est pas pareil, tout le monde se tutoie.»

Dans ce domaine du respect des autres, il est des détails qui n'en sont pas. L'un des exemples fréquemment donné est celui des règles élémentaires de la politesse qui signifient que vous reconnaissez l'existence de l'autre à côté de vous, même quand votre activité a tendance à vous absorber.

La modestie

Il existe une méfiance certaine à l'égard d'un type de manager «fraîchement sorti» des grandes écoles et qui, nommé dans un service, prétend le changer «en essayant d'imposer d'entrée de jeu ses idées sans connaître le milieu». Les changements voulus par ce type de management ne durent qu'un temps, et le jeune cadre dynamique doit bien se rendre compte qu'il vaut mieux finalement composer avec la réalité.

«Quelqu'un qui se rend compte qu'il s'est fourvoyé peut dire : "Eh bien, je me suis planté. Pourquoi ? On en cause. Qu'est-ce qui s'est passé ? Expliquez-moi."» Une telle attitude ne paraît guère facile quand on se crispe sur son image ou sur son statut. Dans ce domaine, l'échec est on ne peut plus formateur, si on sait en tirer les leçons. Il apprend à être modeste et à découvrir que les autres existent, qu'ils n'ont pas forcément les mêmes préoccupations et ne réagissent pas comme vous : « Accepter d'être contredit et éventuellement de changer son ordre, c'est énorme, c'est le fondement : si vous n'êtes pas capable de faire ça, vous n'êtes pas un bon manager. Il faut arriver à avoir un comportement tel que la personne puisse oser vous contredire. »

« Il n'existe pas de science infuse du management », et l'on doit reconnaître qu'« on ne sait pas tout sur tout », qu'il faut « apprendre auprès des autres » et « faire preuve d'humilité ». Leçon de modestie qui rejoint une qualité humaine essentielle : l'écoute.

Les qualités de base

A travers les entretiens réalisés, il est des thèmes qui reviennent avec insistance et qui ne correspondent pas à des compétences précises, mais qui s'apparentent bien plutôt à une façon d'être, à des qualités humaines indispensables à l'activité de management : la capacité de décider, la qualité de la parole et de l'écoute. Elles dépendent largement de la personnalité et de l'éducation première, paraissent souvent faire défaut alors qu'elles sont considérées comme décisives. Ces qualités déterminent une manière d'être globale dans le travail, élément indispensable pour acquérir une excellence dans l'activité.

Savoir décider

De l'avis général des cadres interrogés, « il n'y a rien de pire qu'un manager qui ne sait pas décider ».

Il est une façon de ne pas décider et de donner des ordres peu clairs qui est symptomatique des faiblesses propres à un cadre. L'imprécision dans l'ordre donné et l'absence d'explications se conjuguent, elles provoquent stress et désarroi chez les agents, désorientent les individus et les collectifs de travail et en fin de compte entraînent d'importantes pertes de temps : « Les gens qui ne sont pas assurés de leur capacité de tenir un poste de chef veulent asseoir leur autorité par une raison quelconque, par un flou. C'est ce que j'appelle des ordres fallacieux : la personne commandée ne comprend rien à ce qu'on lui demande. Cela déstructure l'ensemble du système, du service. Apparemment tout le monde travaille parce que le chef est là, mais le travail ne se fait pas parce qu'on ne sait pas ce qu'il faut faire. Face à un ordre fallacieux, il arrive qu'on ait la chance d'avoir une personne qui réagit tout de suite. Alors on peut rectifier aussitôt. Mais malheureusement, si la personne n'ose pas réagir, elle part et au bout d'un certain temps on ne la voit pas revenir. C'est alors qu'on se rend compte que la personne patauge et que l'ordre qu'on a donné n'était pas structuré. »

Dans ce domaine, il semble également que le management participatif ait pu entraîner quelques confusions : « On peut prendre des avis, diriger avec un management participatif, mais ça n'enlève rien à la décision. Manager, c'est nécessairement à un moment donné décider. Avant on a pris les avis, mais quand on décide, on dit : voilà, c'est comme ça. »

Décider implique de choisir entre plusieurs solutions possibles dans une situation qu'on ne maîtrise pas pleinement. On a peur de se tromper et d'être déprécié, surtout quand on ne cesse de dire qu'« on n'a pas le droit à l'erreur ». Une façon de se décharger de ses propres responsabilités peut consister alors à dire que la responsabilité est collective. Faire clairement des choix, c'est s'avancer, prendre un risque et là aussi faire preuve d'un certain courage. En ce sens, décider, « trancher entre des possibles » rejoint la dimension éthique.

L'encadrement est amené à prendre des décisions qui remettent en cause des habitudes de travail bien ancrées. Les opérateurs peuvent être en désaccord, mais l'important en l'affaire, indique-t-on, est qu'ils comprennent, à partir des explications qui leur sont données, que les décisions prises ne sont pas arbitraires : « On peut être en désaccord. La personne peut s'exprimer en disant qu'elle n'est pas du tout d'accord. Vous pouvez lui dire : "Je vous demande de le faire quand même pour telle ou telle raison, même si vous n'êtes pas d'accord avec moi." Les gens gardent leur conviction, mais le font quand même à partir du moment où ils ont compris que l'ordre donné n'était pas arbitraire. »

Toute décision doit ainsi s'accompagner d'explications claires sur son bien-fondé, ses tenants et ses aboutissants. On ne dirige plus les hommes dans le travail comme autrefois. Les explications et les discussions apparaissent comme des conditions *sine qua non* de l'efficacité. Cette explication ne se limite pas au moment où l'ordre est donné, mais elle nécessite d'être reprise et explicitée au fur et à mesure que les questions se posent.

Il faut également pouvoir « évaluer la portée de la décision » du point de vue du personnel concerné. Pour ce faire, il s'agit d'être capable de se mettre à la place de ceux qui vont devoir exécuter l'ordre donné : « Il faut quand même écouter les gens, savoir ce qu'on leur impose et puis se rendre compte de ce que ça va leur apporter comme contrainte. Et puis, derrière, essayer de les ménager. »

La qualité et l'efficience de la parole

Il n'existe pas de « praxis muette » et la parole, fût-elle d'injonction et de commandement, accompagne la pratique, s'y articule et la structure : « La parole devance tout geste en le signifiant. Elle est le sens compris de ce qui est à faire [1]. » Cette parole se déploie dans la préoccupation du « faire », de sa maîtrise et de son efficacité. Mais en même temps, elle déborde l'étroitesse de cette préoccupation, dans la mesure où elle tisse un lien entre les hommes qui travaillent et confère un sens aux réalités auxquelles ils sont confrontés.

Au-delà de sa dimension technicienne, la parole se révèle ainsi déterminante dans la qualité des rapports entre hiérarchie et subordonnés. La façon dont s'exprime un cadre ne peut être simplement envisagée comme un moyen en vue d'atteindre un objectif ; le langage n'est pas qu'un « outil de communication » dont la maîtrise serait l'affaire d'un simple apprentissage. Le langage exprime la posture, la manière d'être de l'individu. En ce sens, il est lié à l'éthique individuelle.

La parole induit des effets sur les autres qui sont loin d'être négligeables. Le tutoiement ou le vouvoiement, le ton, le vocabulaire employé n'impliquent pas le même type de rapport avec les autres, ne créent pas la même ambiance de travail. Il convient d'accorder une attention, un « soin » particulier à la façon dont on s'exprime, car la qualité de l'expression détermine largement la clarté et la qualité des rapports avec ses responsables hiérarchiques, ses collègues et ses subordonnés.

---

1. Paul RICŒUR, « Travail et parole », *Histoire et vérité*, Seuil, Paris, 1955, p. 214.

Nombre de blocages peuvent être dus à la difficulté à trouver les « mots justes » adaptés aux circonstances et qui ne blessent pas l'autre. La formulation manque en fait souvent de nuances. C'est comme si les mots employés échappaient à celui qui parle, l'amenant à dire des choses qui, indiquera-t-il ensuite, sont mal comprises. « Il n'a pas voulu dire ça », mais le fait qu'il l'ait dit quand même entraîne des situations dont il est difficile de se dépêtrer.

L'aisance dans le maniement du langage est précisément ce que peut procurer la culture : « La langue française est riche et en fait elle est souvent simplifiée à outrance, constate un cadre d'entreprise. Ce qui fait qu'on manque de nuances, qu'on n'a plus les bonnes formulations. Il y a une frilosité à dire les choses, mais il y a également autre chose : la difficulté qu'ont les gens à maîtriser la forme, ils ne savent pas faire. J'ai des exemples de gens qui sont très francs, très naturels et donc qui n'hésitent pas, contrairement à la majorité, à "dire non", mais ils le font maladroitement. Pour le coup, ils tombent dans tous les effets pervers qu'on veut éviter. C'est important de savoir amener l'idée que ce qui vient d'être dit n'est pas forcément juste. Je constate que les gens sont assez démunis. Cela renvoie directement à la culture, à la pauvreté de la maîtrise du langage global, de l'écrit et de l'oral. »

Les mots n'ont pas forcément la même signification pour tout le monde : « Sous un même vocabulaire, les gens n'entrevoient pas la même chose, c'est comme si chacun avait son propre dictionnaire. » De là peuvent naître d'importants malentendus. Il s'agit donc d'abord d'« être compréhensible » en sachant adapter son langage à son auditoire. On doit chercher à « utiliser les mots de tous les jours » au plus près des réalités de ceux qui travaillent, face au vocabulaire souvent jargonneux du management (« On est constamment en train de retraduire », nous a-t-on dit souvent).

Cela n'implique nullement la dissolution des statuts et des rôles. Il ne s'agit pas d'être démagogue, mais d'être diplomate en évitant les maladresses et les malentendus : « Il ne s'agit pas d'adopter le langage des autres, mais d'avoir un langage suffisamment riche pour pouvoir lui donner des inflexions différentes selon le genre de population à laquelle on s'adresse. »

La connaissance de cette dernière n'est pas principalement une affaire d'analyse en vue d'instrumentaliser une culture et un vocabulaire. Pour employer le « langage qui convient », c'est-à-dire un langage qui puisse être entendu et compris, il faut connaître le milieu dans lequel travaillent ceux à qui l'on parle. Cette connaissance est moins affaire d'analyse que d'ouverture d'esprit, de capacité de décentrement et de partage d'expérience.

L'écoute

La capacité d'écoute constitue aux yeux des cadres interrogés une qualité de base essentielle, alors que c'est celle qui fait peut-être le plus souvent défaut. Il faut pouvoir se situer « à l'intérieur de l'univers » de ceux qu'on dirige, sans pour autant prétendre qu'on est placé dans la même situation.

Écouter l'autre implique de reconnaître qu'il est différent de vous dans sa personnalité comme dans sa situation. L'« état d'esprit » n'est pas seulement à prendre en compte comme donnée psychologique, mais comme résultante de la situation de travail dans laquelle l'individu se trouve placé. La reconnaissance de l'autre concerne la personnalité mais également la différence de position, d'activité de travail et d'environnement. Tel est précisément l'un des principaux points aveugles du management.

« Il faut savoir décrypter l'autre », dit-on volontiers, mais il ne s'agit pas d'un décryptage au sens strict, d'un décodage dont on pourrait fournir les clés, comme se proposent de le faire les outils divers fondés sur la psychologie comportementaliste américaine. Pour les acteurs interrogés sur ce point, l'écoute apparaît comme une activité permettant une compréhension globale de l'autre. Celle-ci est d'ordre intuitif et synthétique. « Il faut en avoir la volonté et puis après c'est un état d'esprit », dit justement l'un des cadres interrogés.

Pour ce faire, sans pour autant abolir l'écart qui sépare de l'autre, un minimum d'attitude de bienveillance et d'attention à son égard est nécessaire. Cette attitude de bienveillance est la condition de la compréhension en tant que celle-ci implique d'essayer de « se mettre à la place de » : « Il faut se mettre dans la peau de celui à qui vous donnez des ordres pour le comprendre. »

Les contraintes et le stress plus ou moins permanent qui peuvent exister dans l'activité quotidienne ne sont pas favorables à l'écoute. Celle-ci n'est pas facile à mettre en pratique lorsqu'on est absorbé dans une logique d'action qui tend à instrumentaliser l'autre au plus vite. Il faut donc en « avoir la volonté » et se contraindre à « être disponible », « s'arracher aux préoccupations urgentes ». Il n'existe pas d'écoute sans effort personnel de détachement à l'égard des contraintes et des soucis immédiats.

Ce qui peut apparaître comme une perte de temps ou un « plus » par rapport à la réalisation immédiate des tâches constitue en fait une composante interne de l'activité, une autre façon moins fébrile de travailler qui apparaît qualitativement plus efficace : « Ne pas penser qu'on perd du temps à écouter les gens. Un dossier se prépare d'abord en écoutant les gens, alors qu'aujourd'hui on a peut-être trop tendance à vouloir faire son dossier de son côté et ensuite à vouloir persuader les gens que son dossier est le meilleur. Un dossier se constitue d'abord en écoutant. »

Si un cadre ne sait pas écouter, il ne saura pas diriger efficacement. Malgré les apparences, sa direction et son activité dans tous les domaines seront en fin de compte inefficaces. Il n'aura pas su susciter la confiance et s'appuyer sur le savoir et l'expérience de ceux qui sont directement confrontés aux réalités de la production : « Quand je rencontre un problème, je pourrais très bien me mettre ce problème au tableau, essayer de me le modéliser un peu, d'imaginer une ou deux solutions un peu techniques et dire : maintenant on y va. Si on fait comme ça, dans 95 % des cas, en particulier quand on parle d'opérations manuelles, on se plante. En revanche, devant le même problème, on peut réunir autour d'une table l'opérateur, son agent de maîtrise, éventuellement un technicien de maintenance par exemple, et on peut leur dire : "Voilà le problème, qu'en pensez-vous ?" Nous, nous avons notre approche très technique, très théorique du problème et il s'agit de poser des questions qui doivent conduire à la solution, sachant que les solutions ne sont pas univoques et qu'il y a des choix à faire. »

Le savoir-faire de l'encadrement

Il est un savoir-faire du management dans le domaine des relations humaines qui se réfère avant tout à l'expérience : savoir concilier et négocier, connaître les hommes et leurs compétences, faire preuve de tact, humaniser les rapports de travail. Ce savoir-faire ne peut s'acquérir sur le modèle d'un apprentissage de compétences immédiatement opérationnelles. Il n'est pas application de techniques et de méthodes. Il est fondé avant tout sur une expérience humaine (professionnelle et extra-professionnelle) et implique une sorte de sagesse pratique qui sait tirer les leçons de l'expérience.

Concilier, négocier

Le point de vue des cadres interrogés est unanime : on ne peut prétendre « manager » en jouant purement et simplement sur le rapport de forces. Si le poids et la crainte du chômage se font sentir à l'intérieur des entreprises, ils ne peuvent servir d'arguments pour mobiliser positivement les hommes dans la réalisation des objectifs : « On ne peut manager correctement les gens en leur faisant du chantage au chômage. C'est vrai que de temps en temps l'argument : "Vous n'êtes pas content, mais regardez ailleurs" peut s'échanger, mais il a beaucoup de limites. Manager demande beaucoup de négociations et d'organisation, de communication et de précision dans la définition des objectifs. »

Un temps important de l'activité de management consiste à discuter en vue de parvenir à un accord. Cette négociation met en jeu des situations et des partenaires différents : conflits entre agent et son encadrement direct, conflits interindividuels entre agents dans l'activité de travail, rapports avec d'autres services de l'entreprise, discussions avec les représentants des syndicats... Il faut savoir « tenir compte de la susceptibilité des hommes » et « ménager la chèvre et le chou » pour parvenir à l'objectif fixé.

Il est une règle pratique qui paraît particulièrement importante : pour démêler ce qui peut se présenter comme un imbroglio de dysfonctionnements, d'incompétences et d'affectivité, il faut cerner les faits et s'y tenir ; cela aide à faire tomber la tension. Il s'agit ensuite de parvenir à un accord entre les deux parties qui ne soit pas simplement de principe, mais se traduise en termes d'objectifs précis.

La négociation sur les multiples problèmes des relations dans le travail requiert en fait d'allier l'affirmation de principes clairs avec la prise en compte de la spécificité des situations. Il ne s'agit pas d'appliquer des schémas, mais d'analyser chaque cas particulier : « Négocier, c'est être capable de faire la part des choses dans des situations qui reviennent, mais qui n'ont jamais exactement les mêmes caractéristiques. »

Connaître les hommes et leurs compétences

Organiser et mobiliser une équipe sur des objectifs définis implique de connaître les compétences et les potentialités de ceux dont on a la charge, afin de tenter de concilier au mieux ces compétences et ces potentialités avec les exigences de la production.

Cette connaissance ne s'acquiert pas avant tout par des outils, mais par l'observation directe de l'activité de travail et des discussions fréquentes en situation : « Il faut avoir une disponibilité par rapport à l'individu pour pouvoir détecter. Bien voir avec qui il travaille, voir comment il se comporte et analyser ses composantes : à quels moments a-t-il rencontré des difficultés ? Jusqu'où pouvait-il aller ? Quelles ont été ses faiblesses ? Mais là, il faut discuter avec lui, demander : pourquoi tu n'as pas fait cela ? Si ça se trouve, il a de bonnes raisons. Il ne faut pas le juger si on n'a pas discuté avec lui, parce qu'on peut apprendre des choses. Il peut arriver qu'il vous dise : "Je ne suis pas allé plus loin, parce que j'avais peur de ceci ou de cela." Et il se peut que je me dise : "Heureusement que je ne lui ai pas fait faire ça." Ce qui prouve qu'il ne faut pas juger négativement quand les agents ne font pas certaines choses, parce que parfois, ils ont peut-être une bonne raison. »

Si la finalité de la connaissance des individus est liée aux objectifs du travail, la dimension psychologique entre en ligne de compte. Elle n'est pas une fin en soi, mais elle paraît néanmoins indispensable pour éviter nombre de malentendus et de « blocages ». La description donnée par l'un des cadres interrogés lors de notre enquête exprime on ne peut mieux une façon de faire aux antipodes d'une vision instrumentale et technocratique. Elle se réfère en effet spontanément à l'art en retrouvant son sens premier d'habileté dans la manière de disposer et de combiner habilement plusieurs éléments en vue de la réalisation de l'œuvre : « C'est à travers des discussions fréquentes, par petites touches successives au travers de la vie et de la façon dont se comporte un individu, qu'on arrive à connaître les hommes. C'est comme un tableau qu'on agrémente au fur et à mesure. Un tableau ne se fait pas d'un seul coup. L'artiste le fait petit à petit. Eh bien, pour la connaissance d'un individu, c'est pareil. Vous ne pouvez pas la faire globalement. Vous vous en faites une première image. Mais cette image, il faut la transformer. C'est, si j'ose dire, un fond de plan, une première esquisse. Alors, ensuite, vous la confirmez ou non. Vous l'améliorez ou au contraire vous dites : non, elle n'est pas bonne, il faut que je la recommence, je me suis trompé la première fois. »

L'évaluation paraît en fait inséparable de cette démarche de connaissance et se doit comme elle de recourir à l'observation directe, en situation, de la pratique de travail. A l'inverse du dogmatisme et du formalisme des outils, cette pratique demeure la référence centrale à laquelle rien ne peut se substituer : « C'est en voyant évoluer les gens dans des situations, en discutant avec eux, en ayant vécu avec eux que l'on peut les juger. Vous ne pouvez pas le faire simplement dans un bureau, parce qu'il y a des gens qui sont capables de vous exposer des tas de choses et de vous éblouir. Vous allez dire : j'ai un gars formidable en face de moi, et puis en réalité sur le terrain, le pauvre gars, il est incapable de mettre en pratique tout ce qu'il vous a raconté. C'est un beau parleur. Inversement, vous avez des gens qui sont complètement éteints devant vous et puis en réalité ce sont des maîtres sur le terrain. »

Le tact

Dans l'appréciation à porter sur des subordonnés, il s'agit de procéder avec tact et diplomatie. Si on doit dire les choses clairement et avec fermeté, trois éléments paraissent décisifs : « tout n'est pas bon à dire », il faut « choisir le bon moment pour le dire », et « trouver les bons mots pour le dire ».

Il serait tout d'abord idéaliste ou irresponsable de penser que l'appréciation que l'on peut porter sur ses subordonnés doit leur être transmise telle quelle et immédiatement. L'appréciation doit s'appuyer solidement sur des faits, être confirmée par l'expérience et il convient de veiller à la façon dont on la communiquera aux intéressés. Elle ne peut pas être faite dans n'importe quelles conditions (rapidement, « entre deux réunions » ou « dans un couloir »). Il est des circonstances professionnelles ou privées qui sont plus ou moins favorables. Il faut donc « trouver le bon moment pour le dire », le moment propice où l'appréciation a le plus de chance d'être comprise par celui auquel elle est adressée.

Trouver les bons mots, surtout lorsqu'il s'agit d'une appréciation négative de l'activité, est la condition indispensable pour que l'individu concerné ne se bloque pas, mais puisse comprendre et admettre le bien-fondé de la critique qui lui est adressée : « Lorsqu'il y a une remontrance à faire, il faut la faire parce qu'on sait très bien que le problème va s'envenimer si on ne le dit pas. Donc ne pas avoir peur de dire les choses, les plus et les moins. Mais il faut faire attention à ne pas blesser. Il faut trouver la façon de le dire pour que la personne s'améliore. Il faut toujours présenter un point faible comme un point à améliorer. Il faut savoir le dire au bon moment et donner des conseils. »

L'important en l'affaire est de dire les choses de telle façon que l'individu ait envie de s'améliorer. En fin de compte, l'essentiel est dans un état d'esprit constructif qui est au cœur de toute pédagogie : « Il faut savoir dire les choses en positif, ce qui n'est pas naturel. Savoir dire que c'est bien quand c'est bien. Dans la vie de tous les jours, on ne sait déjà pas le faire, alors... C'est un des grands points qui manquent à l'encadrement. »

Humaniser les rapports de travail

Il est un certain type de comportement quotidien qui favorise de bons rapports de travail et crée un climat de confiance. La politesse élémentaire dans les rapports humains et la disposition à ne pas discuter seulement du travail, mais « des choses et d'autres de la vie » traduisent l'« humanité » de l'encadrement. Sport, loisirs, école, famille, problèmes sociaux... sont autant de thèmes qui prouvent que le cadre dirigeant n'est pas une « machine de travail » ou un « robot », mais qu'il existe chez lui une zone d'humanité commune.

De telles attitudes peuvent sembler sans importance pour qui est avant tout préoccupé par les tâches à remplir. Mais il s'avère que c'est aussi à partir de tels petits faits du quotidien qu'on peut être amené à apprécier son encadrement.

Dans ce domaine comme dans les autres, il n'y a pas de recette. Ce n'est pas essentiellement en termes de « trucs à utiliser » pour se faire bien voir de leurs subordonnés que les cadres interrogés décrivent les liens qu'ils tissent, mais avant tout en termes de préoccupations communes et de partage : « Bien sûr, on est toujours chef, là-haut, mais on peut avoir un contact avec les gens. Ça m'arrive d'utiliser le sport, enfin non, pas de l'utiliser, parce que cela fait partie de moi, ce n'est pas artificiel. Eh bien là, on partage une préoccupation, on a un attrait pour quelque chose qui est interculturel, qui peut toucher tout le monde. On dit d'ailleurs qu'au stade il y a des cadres supérieurs comme des ouvriers. C'est transversal aux différentes catégories sociales. » Une attitude cynique ou démagogique aurait du reste toutes les chances de ne pas passer inaperçue auprès des agents. Il est un « naturel qui ne se commande pas ».

Dans les relations de travail interviennent également des difficultés qui ne sont pas forcément liées aux compétences strictement professionnelles ou à l'organisation matérielle, mais qui concernent les personnalités, les susceptibilités des individus qui travaillent ensemble. Il importe de prendre en compte ces petits conflits qui surgissent entre les individus, faute de quoi des malentendus s'installent qui sapent les relations et l'ambiance de travail : « Lorsqu'on est débutant et qu'un jour on a dit quelque chose qui a vexé très fortement quelqu'un, il faut s'apercevoir qu'on s'est fait un adversaire, qu'on a rendu malheureux quelqu'un, tout simplement parce qu'on a dit quelque chose dans un langage qui ne correspond pas à ce qu'il a compris, ou alors on a fait une plaisanterie qui est peut-être une plaisanterie agréable pour nous, mais que le compagnon, lui, a pris pour une horrible vacherie. »

D'autres difficultés peuvent trouver leur source dans la vie quotidienne hors de l'entreprise. Ces difficultés, qui peuvent sembler sans importance du point de vue de la préoccupation de la production, peuvent être également un facteur de dégradation important des relations au sein d'une équipe. L'attention à accorder à ces difficultés personnelles implique précisément un décentrement et une capacité de se mettre à la place de l'autre : « Je crois que la première chose pour valoriser les gens travaillant dans une équipe, c'est de comprendre que lorsqu'ils posent une question, pour eux cela correspond à un problème, et donc de prendre en compte cette question et ce problème même si, à notre niveau, c'est quelque chose de mineur. Typiquement, c'est l'agent de fabrication qui a besoin de poser une journée de congés parce qu'il doit aller je ne sais pas où tel jour. Une journée quand on a cent vingt-cinq personnes, ce n'est pas grand-chose et à la limite, pour nous, c'est insignifiant, alors que pour la personne cela représente quelque chose de très important parce qu'elle a besoin de cette journée. C'est donc savoir prendre en compte ce problème et lui donner, quand c'est possible, la réponse qu'elle attend ou essayer de s'en approcher. »

Les compétences

L'activité de management requiert enfin des compétences directement opérationnelles dans la résolution des problèmes pratiques de l'organisation et de l'encadrement des hommes dans le travail : capacités d'analyse et de synthèse, de communication et d'argumentation. Celles-ci peuvent être délimitées à un domaine particulier de l'activité de management ou transversales aux différents domaines. Elles impliquent des mécanismes intellectuels et pratiques mobilisant des savoirs et des savoir-faire dans une perspective directe d'efficacité.

Des capacités d'analyse et de synthèse pour résoudre les problèmes pratiques

Les problèmes qui surgissent dans l'activité quotidienne sont de nature différente (techniques, financiers, organisationnels, relationnels...). Il existe des logiques et des contraintes propres à chaque domaine qui ne sont pas naturellement coordonnées et qui se révèlent souvent contradictoires. Celles-ci entrent en œuvre de façon syncrétique dans la pratique du management. L'encadrement doit être capable à la fois de changer rapidement de registre, de s'investir dans chaque domaine particulier et de prendre en compte la globalité de façon synthétique, afin de parvenir à coordonner le tout au mieux de l'efficacité pratique : « Les managers sont des hommes de synthèse qui prennent en compte des logiques antagonistes, plus exactement qui peuvent être contradictoires. Ils doivent prendre des décisions avec des logiques différentes. »

Confronté à la multiplicité des problèmes pratiques qui surgissent quotidiennement dans le travail, le manager se doit de réagir vite sans pour autant céder forcément à son impulsion première : « On vous soumet un problème, vous structurez automatiquement dans votre esprit le problème, cela veut dire que vous le découpez en sous-ensembles et que vous le traduisez en opérationnel. »

Il faut, dit-on encore, savoir « fixer, organiser, planifier ». Il s'agit d'être capable :

– de cerner rapidement les principaux déterminants et facettes du problème posé ;

– d'envisager plusieurs hypothèses possibles quant à sa résolution ;

– d'anticiper les effets pratiques des différents choix possibles.

Cette démarche d'ensemble doit pouvoir se déployer dans la résolution des problèmes les plus quotidiens : « Un chef de groupe responsable vient me voir. Il me dit qu'il a des difficultés avec les véhicules et qu'il faudrait acheter des mobylettes pour les agents. Alors moi je dis qu'il faut d'abord cerner quel est le besoin réel, et il y a toute une série de questions à se poser : quels sont les avantages et les inconvénients de l'achat d'une mobylette ? Qui va supporter le coût ? Quels effets cela va-t-il avoir sur la sécurité des agents ? Quelle consultation du CHSCT va-t-il falloir faire ? Voilà toutes les étapes par lesquelles il faut passer avant de prendre une décision. Ce type de démarche, c'est permanent. Il y a des fois où l'on peut décider au bout de dix minutes de conversation, mais, souvent, il faut construire les étapes qui vont permettre d'aboutir à la décision. »

Cette sorte de gymnastique intellectuelle implique une démarche qui rompt avec la tendance spontanée à répondre immédiatement à la sollicitation par une pratique non réfléchie. Celle-ci peut être une impasse et entraîner en fin de compte une perte de temps importante. A une démarche de type « essai-erreur-rectification » qui peut être coûteuse à tout point de vue, il s'agit de substituer une démarche analytique impliquant des capacités de formalisation et d'abstraction.

Des capacités d'expression et d'argumentation

Dans son travail, l'encadrement est constamment amené à dialoguer, à négocier, à mobiliser des compétences diverses, il est en contact avec différents services ou secteurs de l'entreprise, jouant bien souvent un rôle de pivot.

Une telle activité requiert précisément des capacités d'expression et d'argumentation. L'encadrement se doit de posséder un vocabulaire technique qui couvre plusieurs métiers et il importe que les termes employés soient le plus précis possible. L'ordre donné doit être clair et accompagné d'explications. Les contacts avec les autres services ne sont pas toujours faciles et dans ce domaine il faut parvenir à convaincre l'autre que vos propres exigences, qui se présentent toujours « dans l'urgence », ont un bien-fondé. Dans les négociations, « il s'agit de porter ses arguments le plus loin possible de façon à faire changer l'autre d'avis. Il s'agit d'argumenter doucement, poliment et puis après de se rendre compte si cela a porté ou pas ». Cette exigence se retrouve dans l'ensemble des relations de l'encadrement : avec sa propre hiérarchie, ses subordonnés, avec les représentants des syndicats, avec les autres services de l'entreprise.

L'encadrement se trouve confronté à des demandes ou à des débats en rapport direct avec le droit du travail et les règles administratives de l'entreprise. Il faut « savoir qu'on ne peut pas faire n'importe quoi ». Les cadres interrogés soulignent précisément l'insuffisance de connaissances précises, ce qui peut parfois les placer dans des situations difficiles : « Il y a une manière de négocier avec les syndicats, c'est à dire qu'il faut savoir jusqu'où on peut aller en termes de confiance, de transmission de l'information. Quelle est la marge de négociation ? Il faut avoir des éléments de référence dans ces domaines. »

Tels sont les contenus des différentes dimensions de l'activité de management que nous avons pu cerner en prenant en compte la façon dont les acteurs appréhendent eux-mêmes cette activité.

5

Quelle formation au management ?

Les ingénieurs et les cadres que nous avons interrogés se trouvent dans une situation inconfortable. Placés dans une position intermédiaire entre les directions et le personnel d'exécution, ils peuvent constater l'écart qui s'est creusé entre ces deux mondes, ils se montrent souvent critiques par rapport au jargon et aux méthodes du management moderniste... mais leur pratique ne coïncide pas toujours avec leurs paroles. Le divorce existant entre la conscience de ce qui ne va pas et l'impossibilité dans laquelle ils se trouvent placés pour y échapper renforce leur mal-être. Comment dépasser le constat critique ? L'éthique individuelle, si elle reste décisive, ne peut tenir lieu d'alternative globale et il y aurait quelque idéalisme et impudence à en rester à ce seul plan.

Face à la rhétorique et à la confusion régnante dans le domaine du management de la ressource humaine, il nous paraît nécessaire d'avancer des propositions nouvelles de formation qui soient autre chose que des gadgets et de la manipulation. Pour ce faire, il s'agit de prendre pleinement en compte la parole et la pratique de ceux qui exercent l'activité de management au plus près des réalités.

Prendre en compte l'expérience des acteurs

La formation au management ne saurait prétendre remplacer l'expérience humaine. Autrement dit: le point de vue selon lequel il existe des prédispositions et une part d'expérience incontournable pour «être un bon manager» n'implique pas forcément une sous-estimation du rôle de la formation. Il s'agit d'abord et avant tout d'un point de vue de bon sens: il y a et il y aura toujours quelque chose qui ne s'apprend pas par la formation en stage.

On ne saurait pour autant en déduire l'inutilité de la formation au management. Si celle-ci doit être clairement consciente de ses limites, elle peut néanmoins, à un certain nombre de conditions, contribuer à leur acquisition. Une telle optique a des implications pratiques: si la formation en stage ne peut remplacer l'expérience humaine du management en situation, il en découle que toute formation, si elle veut véritablement produire des effets, devra s'effectuer en alternance, combiner une formation théorique et pratique, formation en stage et formation en situation. C'est à cette condition impérative, croyons-nous, qu'une formation pourra aider à faire acquérir les qualités, savoir-faire et compétences indispensables pour mener à bien l'activité de management.

Une formation théorique et pratique

Cette activité implique, comme nous l'avons vu, plusieurs dimensions. C'est à cet ensemble que doit répondre un dispositif de formation différencié dans ses objectifs, ses contenus et sa pédagogie.

L'éthique ne peut faire l'objet d'une formation spécifique qui s'afficherait comme telle. Les principes relevant de cette éthique sont d'ordre personnel et n'ont de sens qu'en situation. Disjoindre ces principes des personnes qui les incarnent, des pratiques et des situations auxquelles ils s'affrontent, pour en faire des notions générales et abstraites qu'il suffirait d'appliquer mène, à notre sens, à l'impasse. Cette orientation concourt à rendre ces principes désincarnés, insignifiants et vains, et elle ne peut manquer d'avoir des allures de retour de l'ordre moral ou plus simplement d'apparaître comme un simulacre.

Il ne s'ensuit pas pour autant que cette éthique ne puisse pas faire l'objet d'une transmission. Mais celle-ci n'est pas du même ordre que la transmission d'un savoir ou d'un savoir-faire. Cette éthique en situation donne toute son importance à une exemplarité qui ne prétend pas s'imposer, mais en appelle à la réflexion et à la liberté individuelle. C'est dans un libre échange et en référence à des situations, à des pratiques bien précises que cette transmission peut s'effectuer. Dans ce cadre, la relation duale qu'impliquent le tutorat et l'échange de pratiques des managers entre eux (voir plus loin), à partir de situations qui mettent en jeu cette éthique, nous paraît constituer des modalités possibles de cette transmission. Celle-ci doit demeurer libre et l'on ne saurait vouloir la formaliser.

Les qualités qui expriment une posture individuelle, une ouverture et une manière d'être dans le rapport aux autres renvoient largement à l'éducation première. Il n'existe pas d'écoute, avons-nous dit, sans mise entre parenthèses du souci de l'efficacité immédiate, sans décentrement par rapport à soi-même. Une telle exigence remet en cause l'activisme et l'utilitarisme dominants. La parole n'est pas qu'un simple outil de communication, elle exprime un type de rapport aux autres et produit des effets qui ne sont pas forcément maîtrisables. Le développement de la culture générale peut précisément permettre d'appréhender, de comprendre ces dimensions de l'activité de management. Dans cette perspective, la confrontation à des contenus de connaissances et à des œuvres sortant du domaine strictement professionnel et technique nous paraît pouvoir constituer une expérience spécifique de recul réflexif par rapport à une logique technicienne et au souci d'efficacité.

Le savoir-faire dans le domaine des relations humaines implique une souplesse d'esprit et une habileté s'appuyant sur les leçons de l'expérience. Cette dernière apparaît donc incontournable : c'est par la confrontation à des situations réelles et à des pratiques que l'individu acquiert ce savoir-faire. Il importe donc qu'il soit placé en situation effective de management dans un atelier ou un service. Mais il importe tout autant qu'il puisse être guidé et qu'il puisse comparer sa pratique à d'autres pour pouvoir en tirer des leçons. L'échange direct sur la manière de procéder, sur les points positifs, sur les difficultés et les obstacles en référence à des situations bien précises, constitue un moyen privilégié d'acquisition de ce savoir-faire. Les situations et les pratiques riches d'enseignement ne manquent pas. Il s'agit de les prendre pleinement en compte. Une formation en situation de travail sur le modèle de l'apprentissage, impliquant le tutorat et l'échange des pratiques entre acteurs, nous paraît pouvoir répondre à cette nécessité.

Les compétences immédiatement opérationnelles, en vue de résoudre les problèmes concrets de l'organisation et de l'encadrement des hommes dans le travail, mettent en jeu des démarches intellectuelles et pratiques qui n'ont rien de naturel et de spontané. Celles-ci requièrent un apprentissage spécifique qui permet l'acquisition de mécanismes de formalisation, d'ordonnancement, de procédures d'action, ainsi que des capacités d'expression et de communication rapidement opérationnels. Dans cette perspective, des stages fondés sur des exercices pratiques et l'acquisition d'un certain nombre d'outils apparaissent indispensables.

Sur ces bases, un dispositif de formation au management devrait pouvoir se développer selon trois modalités complémentaires :

– une formation en situation de travail sur le modèle de l'apprentissage visant principalement l'acquisition de savoir-faire par l'expérience pratique du management en entreprise, expérience encadrée par un dispositif de tutorat, d'échanges d'expérience et de suivi. Cette formation en situation de travail constitue la base du dispositif qui doit permettre l'acquisition d'une expérience de référence indispensable ;

– une formation de culture générale visant principalement le développement des qualités de base à travers un corpus de contenus structurés qui donne une place importante aux sciences humaines. Cette formation implique un décentrement et un recul réflexif par rapport à l'activité de travail ;

– une formation visant principalement l'acquisition de compétences immédiatement opérationnelles à travers des exercices pratiques, l'acquisition de méthodes qui éviteront le formalisme en se référant à la pratique effective des acteurs et aux situations de travail.

Une formation en situation de travail sur le modèle de l'apprentissage

Dans l'activité de travail, le processus d'acquisition n'est pas le même que dans un stage : l'individu se trouve directement confronté à la réalité des tâches à réaliser et qu'il devra, par lui-même, tenter de maîtriser.

La manière de réfléchir et d'agir est différente. Il se sent plus directement responsable parce que ses actes ont des conséquences pratiques importantes et mettent en jeu les rapports humains au sein de l'équipe qu'il dirige. C'est à partir de sa pratique que l'individu peut être alors amené à se construire sa propre démarche d'exploration, de tâtonnement, de compréhension des phénomènes. Ainsi pourra-t-il, jusqu'à un certain point, connaître des échecs, rectifier ses erreurs et assurer sa propre progression. Dans ce processus, l'individu n'est pas seul. La façon dont ses collègues de travail peuvent apporter leurs explications peut paraître plus concrète et plus directement efficace que celle des formateurs lors d'un stage.

En situation de travail, non seulement on « apprend autrement en faisant », mais on apprend aussi des choses nouvelles qui sont liées à la confrontation directe avec les multiples aléas de toute activité en « grandeur réelle », aléas et imprévus qu'on ne peut recréer complètement en stage. La formation en situation donne donc un « plus » qui est décisif du point de vue professionnel.

Mais s'il existe bien une manière d'apprendre spécifique en situation, on ne saurait pour autant en rester à cette seule affirmation générale en faisant l'impasse sur les conditions à mettre en œuvre pour qu'une réelle formation ait lieu en situation de travail. A vrai dire, les difficultés commencent quand il s'agit d'examiner les modalités concrètes. Pour qu'une formation réelle en situation de travail puisse avoir lieu, des conditions et des moyens sont indispensables, faute de quoi elle demeure réduite à l'état d'un discours pédagogique abstrait et inopérant, parce que aveugle aux conditions concrètes dans lesquelles il est censé s'exercer.

Les situations de travail sont plus ou moins propices à l'apprentissage, et il importe de choisir celles où exercent des cadres ayant acquis un solide savoir-faire et ayant réussi dans leur domaine d'activité.

Le choix du tuteur pour encadrer un jeune constitue également un facteur déterminant de la réussite ou non de cette formation. On ne saurait imposer la fonction de tuteur à des cadres qui ne souhaitent pas l'exercer, pour des raisons personnelles ou professionnelles. La qualité du rapport qui peut s'établir entre le tuteur et le jeune dont il a la charge est décisive. Elle suppose un engagement et une implication à part entière dans cette formation. Le principe du volontariat en est la condition.

La fonction du tuteur n'est pas d'encadrer l'apprenti au plus près de sa pratique et de la contrôler étroitement. Mais il doit pouvoir être placé en situation d'observateur, en jouant le rôle de conseil et de guide auprès du jeune cadre, à la lumière de sa connaissance de la situation et de sa propre expérience. En conséquence, le tuteur ne saurait être nécessairement la hiérarchie directe de l'apprenti. Le choix pourra plutôt se porter sur un cadre travaillant dans le même secteur que l'apprenti et connaissant bien les situations auxquelles ce dernier va se trouver confronté. Sans prétendre pouvoir posséder l'optimum des qualités, savoir-faire et compétences requises dans l'activité de management, le profil du tuteur doit s'en approcher. Il doit pouvoir constituer de fait une référence, voire une sorte de modèle, pour le jeune cadre en situation d'apprentissage.

Des réunions régulières regroupant les tuteurs et les apprentis peuvent permettre un échange large d'expérience et un suivi global. Les acteurs doivent pouvoir rendre compte librement eux-mêmes de leur pratique et de leurs difficultés. Dans l'échange, on veillera à entrer dans le détail, à rester au plus près des faits, des comportements, des façons de procéder, en ne cherchant pas à les conformer à un modèle préconçu. Ces réunions excluent donc le recours à des procédures formelles ou à des grilles d'analyse ayant pour effet de chercher à se conformer à des stéréotypes. C'est à ces conditions qu'une communication et une transmission authentiques de l'expérience humaine et du savoir-faire peuvent avoir lieu.

De même, si une formation en direction des tuteurs peut être utile, il s'agit d'éviter tout dogmatisme et formalisme méthodologiques coupés des situations de travail et de l'expérience des cadres concernés. Celle-ci ne saurait être vidée de son contenu, considérée comme un simple support qu'on n'aurait plus qu'à formaliser en vue de la construction d'outils méthodologiques. On prendra au contraire pleinement en compte la pratique des acteurs en veillant à sa libre expression. C'est sur ces bases que pourront être dégagés des leçons et des conseils pratiques pour la transmission des savoir-faire.

De telles conditions peuvent apparaître quelque peu utopiques au regard des contraintes quotidiennes de l'activité et des modèles dominants dans les milieux de la formation au management, elles nous paraissent néanmoins indispensables pour acquérir solidement un savoir-faire du management par la pratique, la transmission et l'échange d'expériences.

L'indispensable formation de culture générale

L'acquisition de connaissances rigoureuses dans le domaine du comportement et des relations humaines, de la société, de la culture et de l'histoire peut permettre d'appréhender des logiques qui se différencient de la technique et n'obéissent pas à un déterminisme mécaniste fondé sur une relation simple de cause à effet. Les sciences humaines ont précisément mis en lumière l'importance du langage, du fonctionnement symbolique de l'être humain et de la culture au sens ethnologique du terme, autant d'éléments qui sont décisifs dans l'abord des problèmes humains et sociaux dans l'entreprise.

Un contenu structuré de connaissances

On ne saurait pour autant vouloir « piller » et instrumentaliser les sciences humaines pour bricoler des outils dans un souci d'opérationnalité. Il s'agit de se démarquer de la confusion psychopédagogique, du formalisme méthodologique creux comme du « pédantisme savant ». Le contenu et la rigueur de l'argumentation, en dehors même du souci d'efficacité, doivent primer le formalisme et les effets de mode. Il s'agit de transmettre des connaissances rigoureuses et de favoriser l'échange argumenté sur des contenus.

C'est la condition pour que les connaissances et la démarche interprétative des sciences humaines ainsi que le questionnement philosophique puissent éclairer l'encadrement et les acteurs de terrain dans leur pratique et dans leurs choix.

Dans cette perspective, une formation de culture générale doit développer des contenus structurés de connaissances visant à mieux cerner les différentes logiques en œuvre dans une situation de travail et son environnement. Les objectifs d'une telle formation peuvent être les suivants :

– mieux cerner, analyser et comprendre les différents déterminants des situations de travail, tout particulièrement les facteurs humains, sociaux et culturels ;

– resituer les mutations du travail et les rapports sociaux dans l'entreprise dans un cadre plus large : historique, économique, social et culturel. La logique d'efficacité propre à l'entreprise doit pouvoir ainsi être confrontée à d'autres logiques et aspirations existant en son sein et dans son environnement ;

– sur ces bases, ouvrir un libre questionnement sur les principaux enjeux des évolutions de l'entreprise et de son environnement.

Deux grands modules peuvent être proposés : approche pluridisciplinaire du travail et connaissance de l'environnement. Chacun de ces modules développe des contenus qui peuvent permettre de mieux comprendre les différentes facettes de l'activité de travail en entreprise.

Ces contenus sont ancrés dans des disciplines particulières (psychologie, sciences cognitives, sociologie, économie, droit, histoire, philosophie), et leur exposé suppose une connaissance solide de chaque discipline. Il s'agit d'éviter une approche syncrétique des thèmes abordés de type psychosociologique qui en arrive à manier des concepts flous et des notions « à géométrie variable ». Mais tout en étant ancrés dans des disciplines, les contenus abordés supposent néanmoins une entrée particulière liée précisément à l'activité de travail et à son environnement.

Module « approche pluridisciplinaire du travail »

Cette approche pluridisciplinaire du travail pourrait fournir des éléments structurés de connaissances concernant la psychologie du travail, l'ergonomie, les sciences cognitives, le droit du travail, la sociologie, la philosophie et l'histoire du travail.

Plusieurs thèmes pourraient être ainsi abordés de façon séparée : processus cognitifs à l'œuvre dans l'apprentissage et l'activité de travail ; mécanismes psychologiques propres à l'implication subjective dans le travail, la souffrance et les pathologies qui peuvent y être liées ; mécanismes sociaux identitaires liés à l'appartenance à un groupe professionnel et à un collectif de travail ; histoire, culture et évolution des métiers ; histoire et évolutions actuelles de l'organisation du travail et du management ; connaissance des organisations et stratégies des acteurs ; philosophie, travail et technique ; législation et droit du travail.

Module « connaissance de l'environnement »

L'entreprise n'échappe pas aux évolutions de toutes sortes que connaît la société. Ces évolutions ont une influence directe sur le rapport au travail, au collectif, à la hiérarchie, à l'entreprise... Elles peuvent faire l'objet de clichés médiatiques, de discours confus, éclectiques ou démagogiques. Il importe que ces évolutions puissent être connues et examinées précisément et sérieusement en fournissant les connaissances et les repères nécessaires.

Ce module pourrait développer les contenus suivants : histoire de l'industrie et des services publics ; connaissance de l'économie ; Union européenne : histoire, institutions, droit et réglementation ; connaissance et histoire du mouvement syndical ; environnement et écologie ; évolutions sociales et culturelles contemporaines.

Quelle pédagogie ?

La pédagogie que nous proposons combine une lecture et une interprétation guidées de textes choisis ; une expression et un échange collectif en référence aux textes étudiés et faisant appel à l'expérience humaine et professionnelle des stagiaires ; un apport de connaissances sous forme d'exposés structurés.

On ne saurait choisir des textes de type journalistique ou des commentaires de seconde ou troisième main, mieux vaut donner à lire et à étudier directement les textes fondamentaux des auteurs ou de la discipline abordée. Le choix des textes peut s'effectuer selon un ordre de lecture et d'exposition qui permette une démarche progressive dans la compréhension, en allant du simple au plus complexe. Cette lecture et cette interprétation des textes doivent donc être guidées. Le temps consacré à la lecture et à l'étude des textes doit être délimité et, dans le commentaire qui en sera effectué, le formateur devra veiller à cerner les difficultés de compréhension et à dégager les idées-forces.

Une telle démarche vise à éviter les confusions et les malentendus, les appréciations rapides et superficielles, les jugements subjectifs. Elle entend faire prendre conscience du décalage qui peut exister entre sa propre subjectivité et le contenu de significations d'un texte. Il s'agit de rompre avec une démarche spontanée d'adhésion ou de rejet, en étant capable d'« entrer dans la problématique » d'un auteur et d'une œuvre, de « la comprendre de l'intérieur », et ce faisant de favoriser l'écoute.

A la lecture et l'étude des textes peut succéder un temps important consacré à l'échange et à la confrontation des idées. Les textes lus par chacun constituent la référence et le point de départ à partir desquels peut être organisée la discussion. Il s'agit d'éviter les digressions plus ou moins confuses ou savantes sans rapport avec le thème abordé en revenant à chaque fois sur les textes étudiés et le thème traité.

Pour ce faire, le formateur n'hésitera pas à reprendre les questions posées, les idées avancées, à demander des précisions, des explicitations, ou encore il développera des arguments contraires aux points de vue avancés afin de favoriser la précision dans l'expression et le développement de convictions sensées et argumentées de la part des formés. Il s'agit d'apprendre à distinguer, au milieu d'un écheveau de significations, le principal du secondaire, d'identifier et d'exprimer des « idées claires et distinctes », et de viser un maximum d'explicitation, de précision et de nuance dans l'expression.

Suite à l'échange collectif à partir de chaque texte étudié, le formateur pourra amener les explications et les connaissances nécessaires sous forme d'exposé construit et correspondant à chaque étape de la lecture. Enfin, un exposé final global reprendra de façon synthétique les idées acquises en les resituant dans l'ensemble de la théorie étudiée et de la problématique de l'auteur, en veillant tout particulièrement à en dégager clairement et distinctement les lignes forces.

Il s'agit ce faisant d'éviter deux grandes déviations de la pratique de formation : la référence confuse au « vécu » des stagiaires ; la démagogie ouvriériste ou technicienne qui fait de la pratique professionnelle et de la technique les critères absolus de vérité, déconsidérant par là même les connaissances dans les autres domaines.

Des exercices pratiques

L'analyse et la résolution de problèmes, la conduite d'entretiens, l'animation et la conduite de réunions, l'expression écrite et orale... constituent autant de thèmes qu'il nous paraît également nécessaire de développer. Par rapport aux deux grandes propositions de formation précédentes, nombre de stages existent déjà dans ce domaine. Il ne s'agit donc pas forcément d'inventer des choses nouvelles, mais de s'appuyer sur ce qui existe et de l'améliorer.

Face à l'inflation de l'offre, un tri parmi les stages existants nous paraît indispensable. Il s'agit de garder ce qui apparaît effectivement nécessaire et utile, en prenant en compte le point de vue des acteurs. Les critères de choix peuvent être simples en s'appuyant sur l'expérience des principaux concernés : quelle est l'utilité et l'efficacité de ces stages en regard de leur activité effective de management ?

Dans ces stages spécifiques, on veillera à ce que les exercices et l'apprentissage pratiques (l'entraînement) priment les exposés et les méthodologies formelles, et que soient pleinement prises en compte les situations et l'activité professionnelle des stagiaires.

Dans le domaine de l'expression, de nouveaux modules courts consistant en des exercices pratiques, en référence à des situations de travail, peuvent aider à une prise de conscience des équivoques et malentendus possibles du langage. Autour du thème : « Trouver les mots et les arguments pour le dire », les exercices d'expression écrite et orale pourraient ainsi être les suivants :

– lire et étudier des textes différents se référant à une même et unique situation, dans le but de faire prendre conscience de la pluralité d'optiques face à une réalité « objective » ;

– retraduire et adapter des textes donnés, oralement et par écrit, destinés à différentes catégories de publics ;

– analyser et résumer des textes (des plus simples aux plus complexes) pour en dégager et en distinguer clairement les idées-forces ;

– utiliser à bon escient des mots ayant plusieurs sens possibles ou des mots dont la différence de signification n'est pas trop marquée, afin d'apprendre la précision dans le langage et le sens des nuances ;

– débattre et confrontrer des idées sur des thèmes donnés ayant trait à des situations de travail ou des « cas », préparés sur dossier, afin d'apprendre à développer clairement une argumentation.

Autant d'éléments qui peuvent aider à faire acquérir des compétences d'expression et d'argumentation, articulées à la pratique et visant directement son efficacité.

Cet ensemble de propositions – formation en situation de travail, culture générale et stages pratiques – nous paraît pouvoir constituer un dispositif novateur de formation, qui rompt avec la confusion et la fétichisation des outils existant dans le domaine du management des relations humaines. Il appartient aux principaux responsables au sein des entreprises de le prendre ou non en considération.

Conclusion

Développer la culture générale

En l'espace d'une vingtaine d'années, les fonctions et les responsabilités de l'encadrement ont évolué. Celui-ci doit être compétent techniquement, mais aussi capable de résoudre les multiples problèmes organisationnels et relationnels dans son service ou son atelier, de formuler, de négocier et de mener à bien des projets pour lesquels le facteur humain et social entre pleinement en ligne de compte.

L'entreprise se trouve par ailleurs de plus en plus confrontée, en son sein et dans son environnement, à des aspirations fondées sur d'autres logiques que celles de l'économie et de la technique. Ces dernières demeurent déterminantes, mais elles ne sont pas les seules en cause. Il s'agit désormais de donner toute sa place au facteur social, culturel et humain.

On semble reconnaître aujourd'hui l'importance de la culture générale pour faire face à ces évolutions, mais les réponses dominantes qui sont données en termes de formation ne vont pas forcément dans ce sens. Dans l'abord des formations de culture générale, les entreprises paraissent osciller entre deux grands types d'approche : instrumentale et de distinction symbolique.

L'approche instrumentale articule plus ou moins étroitement la culture générale et l'activité de travail en envisageant la formation en termes de compétences. La culture générale peut être ainsi envisagée en liaison et en fonction de la formation technique, comme prérequis et accompagnement nécessaire pour l'acquisition des connaissances techniques. De façon plus directement opérationnelle, les formations de culture générale peuvent viser l'acquisition de compétences dites « transversales », telles que savoir raisonner et analyser une situation pour faire face aux multiples aléas des situations de travail. Cette approche répond à la finalité productive de l'entreprise et correspond à une dimension de la culture générale. C'est ce qui fonde sa légitimité mais détermine aussi sa limite. Elle ne vise pas spécifiquement l'ouverture d'esprit et l'autonomie de jugement, dont on reconnaît par ailleurs l'importance au vu des exigences nouvelles de l'activité productive.

L'autre approche, à l'inverse de la première, désarticule la culture générale des compétences professionnelles et de l'activité de travail. Elle fait alors de la culture un monde à part, servant de distinction sociale pour les cadres, ou au mieux de supplément d'âme à l'activité économique et technique. Le contenu de la culture générale tend alors à se confondre avec une « culture de musée », permettant aux cadres d'acquérir un « capital symbolique » qui les place dans une position de « distinction » culturelle par rapport à d'autres catégories sociales[1]. Là aussi, la visée de l'autonomie de jugement est évacuée, mais cette fois au profit du conformisme et des effets de mode. Ces deux approches, qui peuvent se combiner dans les formations, ne répondent pas à l'exigence de mieux comprendre les dimensions humaines, sociales et culturelles de la production, et elles contribuent à la dénaturation de la culture générale.

---

1. Pierre BOURDIEU, *La Distinction. Critique sociale du jugement*, Minuit, Paris, 1979.

A rebours de ces deux approches dominantes au sein des entreprises et dans de nombreux organismes de formation, il nous semble possible de promouvoir un abord de la culture générale qui reconnaisse pleinement la spécificité de son contenu et son efficience propre, tout en n'étant pas complètement déconnecté du travail et de son environnement.

La culture générale implique un effort et un temps spécifique d'assimilation de connaissances, de formation du raisonnement et du jugement au contact de contenus structurés, contenus auxquels aucune méthode ni technique ne peuvent se substituer. Mais tout en étant dissociée d'une recherche immédiate d'efficacité, la culture générale n'en produit pas moins des effets qui, s'ils ne sont pas directs, sont bien réels. Tel est, pourrait-on dire, le paradoxe de la culture générale : c'est à la condition d'opérer un décentrement et un recul réflexif par rapport à la pratique qu'elle peut éclairer cette pratique et permettre de mieux la mener. N'étant pas visés directement pour eux-mêmes, ces effets sont acquis par surcroît.

Il peut paraître difficile pour les hommes d'entreprise, qui de par leur propre activité mettent spontanément en avant les valeurs d'utilité et d'efficacité, d'admettre ce paradoxe. Mais il n'est, à notre sens, d'autre voie possible si l'on entend faire émerger les qualités de jugement, d'écoute et de parole qui font souvent défaut dans les entreprises.

Cet abord de la culture générale ne va pas non plus de soi dans le milieu de la formation. Elle implique en effet une remise en cause des manières dominantes de penser et d'agir. L'histoire propre de ce milieu et les habitudes de travail acquises, en dehors même des formations strictement professionnelles, ne constituent pas des conditions favorables. Aux formations dites socioculturelles des années soixante-dix a succédé une optique qui s'est voulue plus opérationnelle et articulée aux entreprises, sans que pour autant une analyse critique et un bilan aient été faits des conceptions de la formation et de la culture qui ont été alors développées.

Ces conceptions nous paraissent avoir été largement marquées par le contexte social et culturel de l'époque. Les sciences humaines ont été alors largement pillées et utilisées dans une optique idéologique. Elles ont été souvent réduites à une vulgate freudo-marxiste, à des outils de l'expression débridée du « désir » et du « vécu » ou à une critique sociale des plus sommaires. C'est en fait toute une façon de penser et d'agir qui a imprégné fortement les milieux de la formation dans cette période.

Le retournement qui s'est opéré dans les années quatre-vingt s'est traduit par une valorisation de l'utile et de l'opérationnel, en étroite articulation aux situations de travail dans les entreprises. Les formations de culture générale ont été alors avant tout envisagées en termes d'acquisition de compétences.

Ce retournement marque une rupture avec la période antérieure et va dans le sens du professionnalisme pour les activités de formation. Mais il n'en a pas moins gardé nombre de traits négatifs de la période antérieure. C'est comme si les thèmes de la non-directivité et de l'épanouissement individuel avaient trouvé à se redéployer de façon nouvelle dans les outils du management, en concernant d'autres catégories que les nouvelles couches moyennes et en visant, cette fois, une implication maximale dans le travail. Le formalisme méthodologique et la confusion se sont investis dans l'« ingénierie pédagogique », dans les théorisations diverses qui ont été faites des pratiques. On a fait l'impasse sur l'analyse critique de la période antérieure et sur une redéfinition de contenus culturels sur d'autres bases que celles de la confusion « psychosociopédagogique ».

La nécessité d'opérer un recul réflexif et critique et d'élever le niveau culturel concerne aussi les formateurs.

Ces principes étant posés, il ne s'agit pas pour autant de délivrer une formation sur le modèle de l'enseignement initial ou universitaire – enseignement qui a ses finalités et ses modalités propres –, mais de développer une pédagogie spécifique. Centrée sur des contenus structurés de connaissances, celle-ci s'adresse à des adultes ayant une expérience humaine et professionnelle. En l'affaire, la maîtrise des contenus et le type de pédagogie mis en œuvre sont décisifs.

Le contenu culturel ne peut être considéré comme un simple support en vue d'un apprentissage de compétences, comme on le fait trop souvent aujourd'hui. Sa signification est précisément ce qui doit être transmis ; sa compréhension est l'objet même de la formation.

La confrontation à des contenus sortant du domaine strictement professionnel et technique constitue une expérience spécifique de décentrement par rapport à une logique technicienne et immédiatement opérationnelle. Les textes littéraires, historiques, philosophiques... confrontent l'individu imprégné d'une culture technique à un ensemble de signes dont la compréhension ne passe pas par un décodage ou un décryptage signe à signe et qui référerait immédiatement à une réalité extérieure. La compréhension permise par la lecture et l'interprétation est celle d'un sens global dont l'accès n'est possible que si l'individu accepte d'entrer dans un univers de signes qui lui préexiste et dont il n'est pas maître. Toute lecture et interprétation implique de se laisser interpeller et porter par un texte dont on ne comprend pas d'emblée la signification. Cette démarche ne nous paraît pas sans lien avec la qualité d'écoute qui implique de relativiser sa façon d'être, de se décentrer pour « se mettre à la place de l'autre ».

L'expérience humaine et professionnelle est à prendre en compte comme appui pour permettre une acquisition solide des connaissances et favoriser l'échange. L'apport de connaissances doit pouvoir s'appuyer sur cette expérience tout en la questionnant. En retour, les connaissances transmises peuvent être interrogées et approfondies à la lumière de l'expérience. Ce va-et-vient entre les idées et l'expérience peut permettre une meilleure compréhension des thèmes étudiés. Ce faisant, il s'agit de transmettre des connaissances précises et des repères qui peuvent éclairer la pratique, donner à chacun les moyens de se forger, en toute connaissance de cause, son propre point de vue.

La formation de culture générale proposée dans ce livre, par les objectifs, les connaissances et la pédagogie qu'elle met en œuvre, peut concerner l'ensemble des acteurs de l'entreprise et bien au-delà. Sa visée n'est pas purement professionnelle, elle a aussi pour objectif de permettre à chacun d'opérer un recul par rapport à sa pratique afin d'en saisir les différents déterminants, de resituer cette pratique dans une histoire, un ensemble social et culturel, et de développer une libre réflexion sur ses enjeux et ses finalités.

La culture générale ne se réduit pas à des compétences dont l'acquisition ne serait qu'une simple affaire d'apprentissage. Elle permet de développer ses connaissances et vise à former des individus capables de prendre du recul, de réfléchir et de se déterminer par eux-mêmes. Les œuvres culturelles ne doivent pas rester la propriété d'une minorité de privilégiés ni le « faire-valoir » d'une catégorie sociale particulière. C'est par l'apprentissage des savoirs et la fréquentation des œuvres culturelles que se constitue une mémoire commune qui ouvre à l'humaine condition, fournit des références et des repères constitutifs d'une identité. Cette exigence paraît d'autant plus nécessaire que les mutations de tous ordres de la société peuvent donner lieu à des interprétations confuses et entraîner le désarroi. Autant d'éléments qui ne concernent pas seulement une catégorie professionnelle particulière, mais peuvent s'inscrire dans le cadre du développement de la culture générale et de la promotion sociale. Il ne s'agit pas seulement de former le producteur, mais l'homme et le citoyen.

Face au développement de la sous-culture managériale dans les entreprises et la société, il nous paraît impératif et urgent de revaloriser les deux piliers qui ont structuré l'idée même d'éducation permanente et de promotion sociale : une formation professionnelle et technique qui, demeurant ancrée dans un métier de base, prenne en compte les évolutions ; une formation de culture générale qui permette d'opérer un recul réflexif et de mieux connaître les évolutions de la société, afin de pouvoir en mesurer la portée et en apprécier les enjeux. Libre à chacun ensuite de se faire sa propre opinion.

Dans ce domaine, comme l'a si bien dit, jadis, un des promoteurs de l'éducation permanente, il s'agit d'« aider chacun et chacune à sortir du piège où l'installe une société en miettes, dominée par des technostructures sans âme et par un économisme dont les ratés sont de plus en plus impressionnants[2] ». Il nous importe qu'une telle orientation, cette fois, ne reste pas lettre morte. Dans l'entreprise comme dans la société, il y va de l'avenir des relations sociales et de la démocratie.

2. Jacques DELORS, « Au-delà des illusions », *Esprit*, n° 10, octobre 1974.

Postface

Mal-être dans les organisations*

Quatre ans après la publication de ce livre, qu'en est-il des illusions du management ? Une remise en cause de nombre d'« outils miracles du management » et de sa langue de bois s'est amorcée. Un débat s'est ouvert sur les impasses d'une approche qui se veut purement technicienne et sur les manipulations auxquelles elle peut donner lieu. Mais le formalisme méthodologique continue de régner en maître dans nombre de stages de formation. L'exigence de former autrement l'encadrement demeure plus que jamais d'actualité au moment où le fossé entre générations apparaît dans les entreprises et au sein des services publics. De jeunes cadres arrivent à des postes de responsabilité et d'encadrement qui n'ont pas les mêmes références que les anciens. Frais émoulus des universités et des grandes écoles, ayant diplôme mais peu d'expérience, ils peuvent se retrouver dans des situations difficiles ou succomber aux sirènes du modernisme ambiant. Il n'y a nulle fatalité en l'affaire, pour peu qu'on se soucie un tant soit peu de la transmission des acquis et de l'acquisition de l'expérience humaine et professionnelle.

* Cette postface reprend certains éléments déjà publiés dans ma chronique mensuelle « Vie des organisations », publiée depuis février 2000 dans *Le Monde Économie.*

Les situations auxquelles les jeunes doivent faire face dans les entreprises peuvent sembler plus difficiles. En quatre ans, le contexte a changé et les difficultés du management décrites dans ce livre se sont accentuées. Un « mal-être » s'est installé au sein des organisations qui rend plus difficile l'activité de management. C'est précisément ce « mal-être » qu'il s'agit d'essayer de cerner, si on entend demeurer lucide sur ce que met en jeu cette activité. Pour ce faire, il faut revenir aux évolutions qu'ont connues les entreprises et la portée que leur donnent nombre de discours managériaux, s'interroger sur le bien-fondé d'un modèle de la performance et du pouvoir qui se diffuse dans la société.

Quelles évolutions ?

On ne cesse de le dire et de le répéter : nous vivons une époque de profondes incertitudes et de changements accélérés qui obligent le management à revoir certains de ses paradigmes. Trois mots clés semblent condenser l'approche aujourd'hui dominante du management : « complexité », « éthique » et « boîte à outils ». La « gestion de la complexité » avec une « éthique » de la bonne intention et des instruments qui se veulent neutres et fonctionnels, telle est l'image que le management moderne aime à donner de lui-même. On est loin de l'époque où le management apparaissait comme une « science » bardée de certitudes. Le taylorisme n'est plus aujourd'hui un modèle de référence. La société et le monde ont changé. En une trentaine d'années, les transformations opérées dans les entreprises sont considérables.

Dès le début des années soixante-dix, le gouvernement et les responsables d'entreprise tirent les leçons de la crise du taylorisme. L'absentéisme, le turn-over, les luttes des OS... manifestent le refus des générations nouvelles du «travail en miettes» et des «petits chefs» autoritaires et butés. De nouvelles formes d'organisation du travail et de management vont se mettre progressivement en place qui entendent enrichir le travail et prendre en compte les aspirations à l'autonomie et à la participation ; on forme l'encadrement à de nouvelles méthodes de management et de «communication». Le ralentissement de la croissance et la crise viennent porter un second coup au modèle taylorien : les facteurs économiques se conjuguent avec le rejet social et culturel du travail déshumanisé et parachèvent la crise du taylorisme. Système rigide lié à une production de masse, celui-ci n'est guère adapté aux aléas du marché et aux exigences de diversité et de qualité des nouvelles générations de consommateurs.

Des directions cherchent alors d'autres modèles et, au début des années quatre-vingt, les méthodes japonaises exercent leur fascination. Le toyotisme n'est-il pas le successeur tout désigné du taylorisme ? Il va inspirer de nombreux patrons, conseillers et managers, qui font le voyage à Tokyo. Pilotage de la production en fonction des besoins qualitatifs et quantitatifs de la clientèle, production plus souple et au meilleur coût, raccourcissement de la chaîne hiérarchique, participation des ouvriers aux améliorations de la production... autant d'éléments qui seront appliqués dans les grandes entreprises se voulant alors à la pointe de l'innovation. La «réhabilitation» de l'entreprise, opérée par les gouvernements de gauche à partir de 1984, va ainsi pouvoir s'effectuer dans le cadre proclamé de la «fin du taylorisme». Et le développement des «nouvelles technologies» s'accompagne de la diffusion de nouvelles formes d'organisation du travail et de management.

Le tournant des années quatre-vingt

Ces années quatre-vingt marquent donc un tournant. Dans une situation caractérisée par la crise des grandes idéologies et la préoccupation centrale de l'emploi, l'entreprise est alors investie de demandes et d'ambitions qui débordent largement ses finalités propres. Avec la « modernisation », la gauche opère un retournement spectaculaire dans le rapport à l'entreprise. Après avoir été considérée comme un lieu d'exploitation et d'aliénation, celle-ci est valorisée socialement comme elle ne l'avait jamais été auparavant. Aux yeux de certains, l'entreprise moderne est même censée jouer un rôle historique radicalement nouveau, devenant porteuse d'un « projet de société ». Le management participatif, lié au « projet d'entreprise » et à la « culture d'entreprise », n'est-il pas vu alors comme le levier enfin trouvé pour transformer l'entreprise en un lieu où pourraient se réconcilier l'économique et le social, voire l'éthique ? Mais l'angélisme de ces orientations est vite confronté à l'épreuve du réel avec la multiplication des plans de restructuration, et, à la fin des années quatre-vingt, les cadres qui s'étaient engagés de toute bonne foi dans ces nouvelles orientations se retrouvent, à leur tour, licenciés.

Dans le même temps, le CNPF définit une « nouvelle stratégie pour les années quatre-vingt-dix », affirmant que les valeurs de l'entreprise doivent ni plus ni moins « féconder la société française ». La montée du thème de l'« entreprise citoyenne » au début des années quatre-vingt-dix est venue confirmer ces nouvelles orientations. Que ce thème ait été porté par un courant du patronat plus social et humaniste s'engageant à lutter contre le chômage et l'exclusion ne change rien à la confusion des genres qu'implique la notion d'entreprise citoyenne.

D'autant plus que cette innovation accompagne l'impuissance du politique face au chômage de masse et ce que l'on a appelé la « crise de l'État-providence ».

L'arrivée d'un nouveau dirigeant à la tête du patronat à la fin des années quatre-vingt-dix marque un autre tournant sur le plan social et accentue l'ancrage libéral. Au nom de l'entreprise, le patronat s'investit de plus en plus dans les affaires de la cité, entendant faire prévaloir ses conceptions en matière d'emploi, de formation, de dépenses de santé, de fonctionnement de l'État... L'entreprise est placée au centre de la société française et considérée comme le vecteur décisif du changement, dans une logique qui remet en cause ouvertement nombre de droits acquis.

Quelle réconciliation avec l'entreprise ?

Le retournement qui s'opère à la fin des années quatre-vingt-dix montre qu'on est loin de la « réconciliation des Français avec l'entreprise » célébrée, quelque vingt ans plus tôt, par un autre gouvernement de gauche. Mais peut-on pour autant considérer que ce retournement marque un réel progrès dans la prise de conscience des réalités nouvelles de l'entreprise moderne et de son management ?

La vision noire de l'entreprise qui se développe aujourd'hui apparaît précisément comme l'image inversée du mythe de l'entreprise érigé dans le courant des années quatre-vingt. L'entreprise est maintenant largement perçue à travers des méthodes expéditives liées aux plans de restructuration et aux pertes d'emploi. L'écho rencontré en 2000 par un film comme *Ressources humaines* en témoigne. À l'image de l'entreprise informatisée et robotisée des années quatre-vingt, sur laquelle étaient censés régner de jeunes managers dynamiques et souriants, succède celle d'une entreprise peuplée d'ouvriers dirigés par une direction particulièrement cynique et manipulatrice. Le refoulé des années quatre-vingt revient aujourd'hui en force. La « collectivité entreprise » n'est plus homogène et consensuelle comme les chartes et projets l'avaient précédemment décrite, elle est divisée, traversée par un conflit de classes qui rappelle ceux des années soixante-dix et vient réconforter les schémas du passé.

La société ne cesse d'osciller entre la fascination et le rejet. Alternent et coexistent la vision de l'entreprise moderne, à la pointe de la performance dans tous les domaines, et celle façonnée par le XIXe siècle et le taylorisme, sans qu'on parvienne vraiment à faire la part des choses. Les abus d'autorité, les brimades et les humiliations, le harcèlement sur fond de chantage à l'emploi... existent bien, mais on ne saurait pour autant les considérer comme un modèle-type du management moderne. Car le rapport de forces, la pression et le chantage au chômage ne peuvent constituer les principes de base d'un management soucieux de « motiver » et de « mobiliser » la « ressource humaine » : les pratiques déstabilisatrices du management moderne sont moins grossières et plus déconcertantes.

Les nouveaux clivages qui se dessinent au sein des entreprises ne sont pas réductibles à ceux opposant de méchants patrons assoiffés de profit, des DRH grossièrement cyniques, à de braves ouvriers métallos en bleu de travail. De tels clichés, s'ils réconfortent des identités militantes en crise, demeurent aveugles aux réalités nouvelles de l'entreprise, aux interrogations et aux contradictions qui traversent les dirigeants d'entreprise et les DRH, au désarroi de nombreux techniciens, ingénieurs et cadres soumis à la pression et qui sont eux-mêmes victimes des plans de restructuration. N'avons-nous rien appris depuis trente ans ?

Avec l'étonnant succès du livre de la psychanalyste Marie-France Hirigoyen [1], le développement de conflits jusqu'alors atypiques dans les rapports de travail donne lieu à une interprétation en termes de « harcèlement moral » qui se prête à de multiples utilisations. On comprend dans ces conditions qu'on veuille en établir une définition précise, qu'on s'emploie à en définir les signes cliniques, qu'on élabore un classement des différents types de harcèlement... Mais n'est-ce pas la notion même de « harcèlement moral » qui prête à équivoque ? Si les faits et la souffrance auxquels cette notion renvoie sont bien réels, les mots mêmes de « harcèlement » et de « moral » peuvent laisser entendre que le phénomène serait tout entier explicable à partir d'une relation duelle mettant en jeu des mécanismes psychologiques et moraux individuels. Les usages de dénonciation que cette notion induit peuvent se révéler eux-mêmes pervers et le risque existe de voir s'installer un climat de suspicion généralisée au sein des rapports sociaux.

Si les luttes pour le pouvoir et les conflits de personnes ont toujours existé, le fait est que ceux-ci semblent aujourd'hui redoubler d'intensité dans nombre de collectifs de travail et d'institutions. Mais, à moins de considérer que le nombre de « pervers » a sensiblement augmenté, la question est plutôt celle des conditions sociales qui rendent possible l'expression débridée des pulsions des affects et leur donnent des espaces plus grands de liberté. Si de nouvelles formes d'aliénation dans le travail existent bien, elles ne sont pas essentiellement le fait d'individus pervers, même s'il en existe, mais elles s'inscrivent dans de nouvelles contraintes, et un nouveau mode de management dont

1. Marie-France Hirigoyen, *Le Harcèlement moral. La violence perverse au quotidien*, Syros, Paris, 1998.

il importe de comprendre la logique paradoxale et ses effets ambivalents.

De nouvelles contraintes

L'obsession de la rentabilité peut aboutir à un « harcèlement financier[2] » qui pèse directement sur le management des entreprises. Selon les nouvelles normes qui semblent s'imposer, l'entreprise se doit d'être gérée avant tout en fonction de l'intérêt de ses actionnaires, ce qui implique de mettre la rentabilité et le client au centre de ses préoccupations journalières. Le management est directement confronté à ces nouvelles exigences. Mais qu'en est-il alors des intérêts du personnel et de l'intérêt général ? Qu'en est-il de l'entreprise comme collectivité de travail ?

Comme le dit bien la note d'orientation 1999 de l'entreprise sidérurgique Sollac (groupe Usinor) : « Ainsi ce qui a changé, radicalement, ce sont les conditions dans lesquelles nous sommes évalués. Nous ne sommes plus les seuls juges de nos résultats. Le marché financier apprécie notre avenir en attribuant une note à nos émissions d'emprunt. Les analystes financiers comparent nos résultats passés et surtout nos résultats futurs estimés, à ceux de nos concurrents. Ils nous comparent davantage encore à ceux des entreprises offrant de meilleures possibilités de valorisation et de rendement de l'épargne investie par les actionnaires. Le marché boursier apprécie au jour le jour la confiance de l'épargnant dans notre groupe et dans notre métier. » Le management doit suivre en intégrant la « référence

---

2. Jean-Luc GRÉAU, « Fonds de pension : les grandes illusions », *Le Débat*, n° 108, janvier-février 2000.

constante à la valeur actionnariale de l'entreprise » et en fixant des objectifs pour améliorer l'« attractivité » de l'entreprise « pour l'épargnant et le prêteur ». Le revenu brut d'exploitation ou le résultat courant opérationnel ne peuvent suffire pour apprécier les résultats. Il s'agit de mesurer « aussi systématiquement que possible, l'effet de nos démarches par la rentabilité des capitaux engagés ». L'encadrement est chargé de faire passer le message auprès de l'ensemble du personnel. Le discours de l'actionnariat dans leur direction est censé les impliquer plus concrètement. Et d'en appeler au « soutien actif du personnel », aux « valeurs partagées : engagement, responsabilité, solidarité, reconnaissance » qui, indique-t-on encore, « n'ont pas varié depuis que l'entreprise est devenue privée ».

Les salariés n'en sont pas rassurés pour autant. Les marchés « fluctuant au gré d'une conjoncture économique variable », il faut offrir aux actionnaires un « capital image » qui leur donne confiance. Il faut rassurer les marchés financiers en leur donnant le plus de signes possible concernant la rentabilité de l'entreprise. Jusqu'où peut-on aller dans cette logique ? Ne voit-on pas la valeur d'une entreprise monter en Bourse quand celle-ci annonce des suppressions d'emploi ou des licenciements ? Le règne de l'« argent roi » tend à considérer l'entreprise comme un simple instrument pour la rentabilité financière, instrument qu'on pourrait manipuler et changer à loisir selon les aléas du marché.

On est loin aujourd'hui de l'optimisme des fondateurs du libéralisme pour qui le marché possédait ses propres mécanismes d'autorégulation pour le plus grand bien de tous. Pour Adam Smith (1723-1790), si la concurrence s'exerce librement, le marché peut amener un équilibre des forces bénéfique à tous : en recherchant chacun leur intérêt individuel, les agents économiques concourent sans s'en rendre compte à l'intérêt général. L'utilisation du capital en vue du profit, l'enrichissement sans limites servent, en fin de compte, à l'amélioration de la condition de tous : « Sans aucune intervention de la loi, les intérêts privés et les passions des hommes les amènent à diviser et à répartir le capital d'une société entre tous les différents emplois qui y sont ouverts pour lui, dans la proportion qui approche le plus possible de celle qui demande l'intérêt général de la société[3]. » Le jeu propre des intérêts bien compris, le « doux commerce » entre les hommes peuvent ainsi aboutir à une forme d'harmonie à l'échelle de la société et du monde. Le marché et le progrès vers une meilleure condition se veulent naturels, mais, pour A. Smith, ils n'en impliquent pas moins une « main invisible », une divine providence qui fait que « sans en avoir l'intention, sans même le savoir, le riche sert l'intérêt social et la multiplication de l'espèce humaine[4] ». Qui pourrait encore le croire aujourd'hui ?

Le changement : pour quoi faire ?

Le discours managérial ambiant développe une vision chaotique du monde et de ses évolutions et la rhétorique révolutionnaire semble avoir changé de camp : « révolution technologique », « révolution de l'information », « révolution de l'intelligence »... Pour paraphraser à la fois Trotsky et Mao-Dzedong, on pourrait dire que la révolution prônée par le management est à la fois permanente, mondiale et culturelle. L'adaptation devient paradoxalement révolutionnaire, parce que les évolu-

---

3. Adam SMITH, *La Richesse des nations,* Flammarion, Paris, 1991, tome 2, p. 245.

4. Adam SMITH, *Théorie des sentiments moraux.*

tions dans tous les domaines sont censées imposer d'elles-mêmes des façons radicalement nouvelles de vivre et de travailler ensemble. L'idée de rupture et de « table rase », de fabrication de l'homme nouveau adapté à la situation révolutionnaire que nous sommes censés vivre est partie intégrante de cette nouvelle idéologie du management.

Comme le dit si bien Peter Drucker dans son livre *L'Avenir du management*, il s'agit d'accomplir un « virage à 180 degrés dans la pensée et les actes de la plupart d'entre nous – même ceux de la jeune génération – dans ce que nous tenons encore pour assuré dans nos façons de penser et d'agir[5] ». « Dans une période révolutionnaire comme celle que nous vivons, écrit-il encore, le changement est la norme. Certes, il est douloureux, plein de risques et il exige beaucoup de dur travail. Mais, si une organisation – que ce soit une entreprise, une université, un hôpital, etc. – ne considère pas comme son devoir de mener le changement, elle ne saurait survivre[6]. » On comprend qu'une entreprise privée soit particulièrement attentive aux évolutions du marché et à la concurrence et cherche, comme on dit, à être « leader ». Mais la question demeure : ériger le changement en norme peut-il faire sens pour ceux qui travaillent ? Les salariés des entreprises, et du reste toute collectivité humaine, peuvent-ils vivre dans un état d'instabilité permanente ?

Les emplois, les compétences sont en « réactualisation permanente ». La « mobilité », la « flexibilité », la « réactivité »... sont des valeurs de référence, tandis que l'exigence de garanties et de stabilité devient synonyme

---

5. Peter DRUCKER, *L'Avenir du management*, Village mondial, Paris, 1999, p. 184.

6. *Ibid.*, p. 75

d'immobilité et de refus du changement. Salariés et sans-emploi se doivent d'être « motivés » et évalués en permanence s'ils entendent demeurer adaptés à ce monde en plein bouleversement. Ils doivent apprendre à assurer leur propre développement, veiller à développer leurs propres « compétences », afin d'assurer leur « employabilité », construire un « projet » qui est censé leur permettre de « se projeter positivement dans l'avenir », alors que ceux qui sont en situation de responsabilité ont le plus grand mal à tracer les contours d'un avenir discernable, porteur de progrès. « Gérer la complexité, du big-bang à l'entreprise », tel était du reste le titre significatif d'un colloque organisé par des experts déclarés en management dans les années quatre-vingt. « Anticiper » un avenir dont on ne cesse de dire qu'il est devenu imprévisible, « gérer » une « complexité » de plus en plus complexe..., autant de formules symptomatiques d'une tentative de s'adapter à une situation qu'il paraît vain de vouloir maîtriser.

Dans une période de changement rapide et de totale incertitude, ne restent que les conseils et les boîtes à outils des managers pour apprendre à « se gérer soi-même », à « faire face au changement », ou mieux encore pour devenir « acteur du changement », de son « propre changement »... Cette invocation perpétuelle du changement finit par dissoudre tout repère de principe, par considérer les dimensions sociales et humaines comme de simples paramètres à adapter, ou des obstacles à un mouvement de transformation autosuffisant. Ce discours managérial rend le monde incompréhensible, insignifiant et vain ; il fait écho à la vision d'un monde soumis aux lois débridées du marché. Ce discours déborde aujourd'hui l'entreprise et devient une sorte d'archétype dans l'abord des évolutions. Discours managérial, discours médiatique – et de plus en plus discours institutionnel – se conjuguent souvent pour dresser un tableau chaotique des évolutions, de la société et du monde où se mêlent fascination et crainte. Le monde et la société dans lesquels nous vivons perdent leur familiarité et leur humanité, ils deviennent comme un vaste chantier, une matière amorphe à transformer pour s'adapter à des évolutions qui s'accélèrent sans cesse. La course pour rattraper le retard est sans fin.

La performance sans faille

Depuis les années quatre-vingt, la « performance totale » a été érigée en modèle. Le « zéro défaut », la qualité au moindre coût, avec des budgets resserrés et dans les délais les plus brefs, apparaissent comme une injonction à résoudre la quadrature du cercle. Si l'on en croit tout un courant du management, l'individu au travail se doit d'être constamment motivé, à l'optimum de ses performances et capable de communiquer en toute transparence avec ses supérieurs, ses subordonnés et ses collègues. Des spécialistes déclarés font valoir le désir, le rêve, l'imagination pour les mettre au service de l'optimum productif. À travers la longue liste des « compétences » déclinée par les outils d'évaluation, est mis en avant un modèle de la performance individuelle qui ne souffrirait d'aucun défaut. Aucune part de l'individu ne devrait échapper à l'engagement dans le travail : on évaluera non seulement ses « savoirs » et « savoir-faire » mais aussi son « savoir-être », notion fourre-tout qui intègre des comportements antérieurement considérés comme relevant de la sphère privée ou de libres activités sociales. Ce ne sont pas seulement l'« autonomie » et la « responsabilité » transformées paradoxalement en normes qu'on prétend évaluer, mais, dans certains outils, le « courage », la « franchise », voire l'« adhésion à l'entreprise »... Un tel modèle implique un engagement dans le travail où les frontières entre vie privée, vie sociale et vie au travail s'effacent, provoquant de graves déséquilibres.

Dans l'univers fantasmatique du management moderne, les limites, les conflits et les échecs sont déniés. Ils ne sont pas considérés comme des événements qui peuvent être formateurs, mais représentent la contre-image de la performance. Le conflit, le problème que l'on ne peut résoudre deviennent vite insupportables. Ils sont signes de faiblesse et générateurs d'angoisse. Ce ne sont pas les conditions dans lesquelles on travaille, les objectifs irréalistes ou les limites des compétences professionnelles qui se trouvent mis en jeu, mais la personnalité tout entière. L'individu qui se laisse capter par un tel modèle s'enferme dans une sorte de ghetto mental, devient inattentif aux autres, facilement irritable et odieux « par inadvertance ». Il alterne les phases d'intense activité et de dépression, finit par perdre les repères du réel et l'estime de soi. La frontière entre persécuteur et victime n'est pas si aisée à déterminer dans cette logique managériale qui met à dure épreuve le psychisme de chacun. Cette logique est particulièrement dévastatrice dans les services publics, où le décalage entre ces nouvelles méthodes de « gestion des ressources humaines » et la culture de travail traditionnelle est beaucoup plus marqué que dans le privé.

La face cachée de la modernisation des services publics

Ni les constats des dysfonctionnements des services publics, ni les rappels des réformes nécessaires ne manquent : assurer plus d'évolution et de mobilité dans la gestion des carrières, clarifier et simplifier les modes de rémunération, introduire plus de souplesse et d'autonomie dans l'organisation... Et, dans le même temps, prendre en compte de plus près les besoins des usagers, être plus attentif à la qualité des services rendus, se soucier des résultats... Les efforts faits dans ce domaine depuis plus de dix ans sont loin d'être négligeables et, même si les situations demeurent contrastées, ils ont produit des effets du point de vue de l'efficacité et de la productivité du travail, de la qualité des services. Mais reste une question largement occultée : à quel prix ces changements se sont-ils effectués du point de vue des rapports collectifs de travail et des repères de principe qui structurent les activités de services publics ? Entre le discours de la modernisation et la réalité qu'appréhendent les salariés à travers leur activité quotidienne de travail, l'écart est important. En l'affaire, les explications en termes de « résistance subjective au changement » ou de défense d'intérêts étroitement corporatistes se révèlent insuffisantes pour rendre compte de ce phénomène.

Il est un facteur moins visible qu'on ne saurait sous-estimer : bénéficiant du « mythe de l'entreprise » érigé dans les années quatre-vingt, des méthodes et des outils de management issus du privé ont pénétré les services publics dans la confusion. Les directions ont fait appel à des organismes de conseil et de formation fascinés par ce mythe, et nombre de cadres, ayant un sentiment de mauvaise conscience à l'égard du privé, ont eu tendance à en rajouter. La façon dont sont élaborés et promus beaucoup de projets de réforme s'effectue dans une logique d'audit et de communication qui méconnaît ainsi les spécificités des services publics, ou les considère avant tout comme des obstacles au « changement ».

L'introduction de ce type de management et de méthodes de marketing issus du privé au sein des services publics a contribué à déstabiliser les repères. La nouvelle langue de bois managériale est faite de « mobilisation », de « transparence », de « projet partagé » où chacun est censé « être acteur du changement »[7]. En prétendant évaluer et redéfinir les compétences, « professionnaliser les agents », on laisse entendre aux salariés qu'ils ne savent plus faire leur métier. Les projets mettent en scène une mobilisation et une participation générale de tous les salariés, en sous-estimant les questions légitimes, les doutes et le poids des résistances. Loin de parvenir à l'efficacité dont elles se réclament, de telles méthodes entraînent au contraire des replis et des blocages.

Le rapport *Construire ensemble le service public de demain* est de ce point de vue significatif. Il a été produit en 1999 par la « Mission 2003 » mise en place par le ministère de l'Économie, des Finances et de l'Industrie, et a précédé l'annonce des réformes du service public fiscal qui furent finalement abandonnées. Ce rapport souligne l'importance d'une méthode qui a tous les attraits de la démocratie : des bulletins diffusés à plus de 200 000 exemplaires, des centaines de réunions, d'« ateliers de propositions », un forum de discussion sur Internet, des audits, des sondages, des « entretiens approfondis » organisés par les services des ministères et des organismes spécialisés, des rencontres avec les organisations syndicales... Le tout a donné lieu au rapport qui, avec les annexes et les pièces jointes, représente plus de 3 000 pages que chaque agent peut consulter.

---

7. On en trouvera une satire pleine d'humour dans le document « Le parler creux sans peine » (reproduit en annexe, p. 161), diffusé de façon anonyme dans de grandes entreprises françaises.

Qui pourra alors dire que le projet de réforme n'a pas été élaboré en toute « transparence » et avec la participation sinon de tous, tout au moins du plus grand nombre ? « Diagnostic, dialogue, décision », telle est la « méthode nouvelle » affirmée dans ce document et la proposition de « correspondant fiscal unique » paraît en découler naturellement. Tout paraît déjà bouclé, ce qui n'empêche pas d'indiquer, sans la moindre ironie, que le ministre fera connaître ses décisions et qu'« à partir de là s'ouvrira une phase de concertation sur leur mise en œuvre ». Un calendrier des étapes de la réforme sera ensuite fixé. Que reste-t-il au juste aux syndicats à négocier ?

Comment ne pas comprendre que ceux-ci aient le sentiment que les directions qui les ont consultés n'en ont pas moins cherché à arriver à des solutions prévues dès l'origine par le ministère ? Le « débat » et la « concertation » deviennent affaire de « communication » et de « pédagogie » pour convaincre chacun du bien-fondé de la réforme et qu'il n'existe guère d'autre choix que de s'y conformer. Tel est à dire vrai le paradoxe : on ne cesse d'en appeler à l'implication, à la participation de chacun à des orientations déjà fixées et à un processus organisé en coulisse par des spécialistes de l'audit et de la communication, sur lesquels les salariés et leurs représentants syndicaux n'ont guère de prise.

Ces appels constants à la mobilisation s'accompagnent du développement de nombreux outils et méthodes sophistiqués d'évaluation maniés également par des spécialistes qui n'entendent pas seulement évaluer les compétences, mais redéfinir les « emplois » et les « classifications ». Une telle évaluation aboutit à heurter de front une fierté professionnelle et peut échapper aux instances paritaires. La place et le rôle des syndicats dans la concertation avec les salariés, la part qu'ils peuvent prendre dans l'élaboration des orientations se trouvent de fait dévalorisés, au profit d'un management à l'aide d'outils qui tend à contourner et rendre secondaire la médiation syndicale.

Les salariés ne comprennent pas où ce climat de mobilisation générale, accompagné d'un surinvestissement dans le travail de la part de nombreux cadres, peut aboutir, sinon à la remise en cause des avantages acquis et des principes du service public. On ne cesse d'en appeler à leur engagement dans une logique sacrificielle du point de vue des avantages acquis, et qui, avant tout, ne prend sens que par rapport à la seule satisfaction des exigences de l'« usager », lequel se confond de plus en plus avec le « client ».

Autant d'éléments à prendre en compte si l'on entend combattre les jugements caricaturaux et la montée d'un « poujadisme antifonctionnaire » qui renforce l'idéologie libérale ambiante. On ne saurait moderniser les services publics en essayant, tant bien que mal, de contourner les syndicats et au prix du désarroi de ceux qui y travaillent. Saura-t-on tirer les leçons des échecs de la réforme de la fonction publique en 1999 ?

Une nouvelle figure du pouvoir

Ce n'est pas le principe même de l'audit et du conseil qui est en cause, mais la façon dont cette démarche s'inscrit dans un nouveau mode déconcertant de direction. Dans le secteur public comme dans le privé, ces nouvelles méthodes de communication et de management dessinent en effet une nouvelle figure du pouvoir qui le rend moins visible. Le glissement sémantique est significatif : il n'y a plus de « chefs du personnel » mais des « gestionnaires des ressources humaines », et la notion même de « contremaîtres » peut être remplacée par celle d'« animateurs d'atelier ». Comme si on avait voulu effacer les signes bien visibles d'une hiérarchie qui n'en continue pas moins d'exister.

Dans nombre d'enquêtes et d'audits réalisés par des entreprises de conseil, la parole recueillie est retransmise de telle façon que la distinction entre les propos de l'organisme de conseil et ceux des personnes interviewées s'efface, et les paroles de ces dernières rejoignent comme par enchantement les orientations de la direction [8]. À travers des campagnes de communication répétées, les directions s'adressent directement à chaque salarié, en contournant les hiérarchies intermédiaires (ou en les transformant en de nouveaux militants de l'entreprise) et la médiation syndicale. Tout changement est supposé s'effectuer en toute clarté, chacun étant informé par de multiples communiqués, comptes rendus médiatiques, publications et réunions. L'activisme communicationnel a sa propre logique interne, qui s'emploie à leur donner le plus de « visibilité » possible. Les campagnes multiples de mobilisation mettent en scène et exaltent la modernisation. Le « dialogue » et la « concertation », dont on ne cesse de souligner l'importance, deviennent des « outils de communication ».

L'appel à l'autonomie et à la responsabilité générale qui accompagne ce discours brouille pareillement les repères : chacun est censé être autonome et responsable quels que soient ses conditions sociales, son statut, sa responsabilité et son grade. Cette injonction paradoxale à l'autonomie place les plus faibles en situation difficile, ceux qui précisément n'ont ni les

8. Sur ce point, voir l'exemple particulièrement révélateur d'une étude sur le « savoir-être » réalisée par un organisme de conseil pour le compte d'une grande entreprise, *in* Jean-Pierre LE GOFF, *La Barbarie douce. La modernisation aveugle des entreprises et de l'école*, La Découverte, Paris, 1999, p. 14-16.

conditions, ni les acquis en termes de compétences et de formation pour accéder à cette autonomie décrétée. L'utopie d'un collectif horizontal sans hiérarchie, composé d'individus pareillement autonomes et responsables, se redéploie sous une forme nouvelle. L'entreprise moderne, débarrassée des scories du passé, doit enfin permettre à l'individu de s'épanouir pleinement dans un collectif débarrassé de toute contrainte et hiérarchie dominatrice. Société « informationnelle », « communicationnelle », « cognitive », « en réseaux », les nouvelles technologies viennent réactiver ce fantasme.

Les outils d'évaluation et la démarche qui les accompagne nous paraissent participer de ce même phénomène. Ces outils ne se présentent pas, à strictement parler, comme des instruments de contrôle, mais d'évaluation et d'aide à l'autonomie. L'« évaluation des compétences » n'impose apparemment aucun modèle ou aucune norme : elle est censée mesurer l'état exact des capacités du salarié à un moment donné ; et le spécialiste extérieur n'est là que pour l'aider et le guider. Mais, en fait, la longue liste des compétences évaluées constitue le modèle à partir duquel il est apprécié et qui lui est renvoyé comme une norme à laquelle il devra se conformer, sans bien sûr que cela soit clairement dit.

Les « compétences » appartiennent en propre à l'individu et le bilan ne fait que les refléter. Sur ces bases, l'individu est ensuite appelé à élaborer – toujours avec l'aide et le conseil d'un spécialiste ou d'une « personne-ressource » – un projet de formation. Les « compétences » qui lui font défaut sont transformées en objectifs à atteindre et à chacun de ces objectifs correspond un contenu donné de formation. C'est ainsi que peut être construit un « parcours de formation » « personnalisé » ou « individualisé ». Ce dernier peut lui-même donner lieu à un « contrat » par lequel l'individu s'engage à atteindre ses objectifs en suivant la formation prescrite. Et ce contrat peut être alors considéré comme un contrat de « progrès » dans la mesure où il aura permis à l'individu de développer ses propres compétences.

À chacune de ses étapes, les normes ne paraissent plus imposées de l'extérieur à la volonté de l'individu. C'est comme si elles émanaient en quelque sorte de lui-même et que les écarts par rapport à ces normes provenaient de ses propres faiblesses ou lacunes internes. Il dépendra alors de sa propre volonté (bonne ou mauvaise) d'y remédier : à la contrainte externe, est substituée l'intériorisation des contraintes et des normes à l'aide de multiples outils d'évaluation de la performance individuelle et collective. Et cette évaluation elle-même se veut « autoévaluation », faisant reposer sur les salariés une responsabilité difficile à assumer. Car, en mettant hors champ les conditions et la charge de travail, ces outils tendent à rendre les salariés responsables de leurs compétences et de leurs performances, et finalement de leur « employabilité » dans l'entreprise et sur le marché du travail.

Un phénomène social global

Ces nouvelles méthodes de direction ne concernent pas seulement les entreprises, mais se répandent dans l'ensemble des sphères d'activité. Elles ne sont pas une simple affaire de management, mais reflètent un phénomène social global. Elles surviennent dans une situation sociale et historique particulière, où s'affirme un nouvel individualisme et où les pouvoirs et les collectifs ne jouent plus leur rôle de référence et de protection comme par le passé. Le rapport dirigeant-dirigé ressemble à une sorte de jeu de passe-passe de la responsabilité. D'un côté, les individus ont tendance à soupçonner d'emblée ceux qui les dirigent d'une volonté de mainmise et de domination, tout en exigeant d'eux qu'ils répondent au plus vite à leurs besoins et les protègent. Ils se placent ainsi d'emblée, plus ou moins consciemment, en position de victimes ayant des droits. De l'autre côté, les pouvoirs en place n'ont de cesse d'en appeler à l'autonomie et à la responsabilité de chacun, masquant de plus en plus leurs hésitations et leurs incohérences dans une nouvelle langue de bois qui déstructure le sens commun. Contournant les collectifs et les médiations, ils « communiquent », s'adressent directement à chacun pour lui demander son implication pleine et entière.

C'est la fonction symbolique du pouvoir comme pôle de référence assumant des orientations et des choix clairs, permettant à chacun de se situer, qui est mise en cause. N'ayant plus ni vis-à-vis solide auquel ils puissent faire face, ni collectif intermédiaire protecteur, les individus sont placés dans des situations paradoxales : ils sont renvoyés à eux-mêmes et rendus responsables de la réussite ou de l'échec d'orientations confuses, souvent incohérentes et mal assumées. Le collectif se délite et les rapports sociaux dégénèrent en rapports « interindividuels » où le face-à-face ne parvient plus à se distancier et à se réguler en référence à une instance tierce permettant un désinvestissement salutaire. Sont ainsi créées des conditions favorables à l'expression débridée des affects et des pulsions.

Ce qu'on dénomme le « harcèlement moral » est révélateur de cette psychologisation des rapports sociaux, symptomatique d'une crise des pouvoirs et des institutions qui ont de plus en plus de mal à assumer leur rôle. Et les thérapies en tout genre forment une sorte d'infirmerie sociale et d'accompagnement à cette crise dont nous n'avons pas fini de subir les effets. Les difficultés actuelles du management sont révélatrices de ce phénomène qui engendre un mal-être existentiel et social que la croissance économique ne pourra pas, à elle seule, dissiper.

Faire la part des choses

L'attention accordée à l'individu, la remise en cause de l'autoritarisme ancien, des cloisonnements bureaucratiques, la volonté de prendre en compte les idées des salariés produisent des changements réels dans les entreprises qu'il serait vain de nier. Mais le management moderne s'accompagne d'une idéologie dont les effets sont déstabilisants, tout particulièrement au sein des services publics. Il importe d'opérer un recul réflexif et critique sur les représentations qui structurent cette idéologie, afin de démystifier les faux-semblants.

Faire la part des choses entre ce qui relève de l'idéologie et ce qui dépend des évolutions structurelles des sciences, des techniques, du travail et de la production, est une impérieuse nécessité, si l'on entend rompre avec les fantasmes et les manipulations que favorisent ces évolutions. Car, qu'on le veuille ou non, ce sont bien les hommes vivant en société qui confèrent au développement des sciences, des techniques, des échanges, une signification sociale et culturelle qu'il n'a pas naturellement. Le succès inattendu de l'initiative de l'« Université de tous les savoirs » conçue par la Mission pour la célébration de l'an 2000 (366 conférences sur les connaissances) témoigne d'un besoin d'y voir clair sur les évolutions dans tous les domaines, en dehors des formules toutes faites, des clichés managériaux et médiatiques. « Rendre la raison populaire », « faire pénétrer l'esprit critique dans la masse de la nation », ces idéaux premiers de l'éducation populaire peuvent retrouver une seconde jeunesse face à la confusion managériale ambiante qui entretient et développe le mal-être social.

L'histoire de l'entreprise est marquée par sa difficile réconciliation avec la société. Et cette réconciliation ne dépend pas essentiellement de l'« éthique » des dirigeants ou d'un changement de mentalité qu'on prétendrait décréter. Elle passe par le développement de l'emploi, l'amélioration des conditions de travail et des rémunérations, lequelles ne sauraient être le fait de la seule entreprise, en dehors du cadre global dans lequel elle fonctionne : la responsabilité sociale de l'entreprise ne peut être séparée de la politique économique et sociale globale et des nécessaires mécanismes de régulation des marchés. Il est vain de vouloir transformer l'entreprise en nouveau pôle de légitimité sociale ou, à l'inverse, en bouc émissaire de tous nos maux.

Une telle approche alternative ne signifie pas la fin de la critique, des contradictions et des conflits, mais permet une distinction des genres refusant le simplisme et la démagogie. Ce n'est pas la nécessité d'évoluer qui est en question, mais une façon de faire qui, au lieu d'encadrer et d'aider, déstabilise et déstructure les individus et les collectifs de travail, entraînant un profond malaise, renforçant les replis corporatistes et les blocages. Le développement d'un management reconnaissant et respectant le pluralisme est une condition pour que le rapport de la société à l'entreprise puisse enfin trouver son équilibre.

Le parler creux sans peine*

(selon la méthode du « formulateur automatique »)

Chaque mot d'une colonne peut être combiné avec n'importe quel mot des autres colonnes. À utiliser sans modération pour briller à votre travail ou chez vos amis !

L'excellence	renforce	les facteurs	institutionnels	de la performance
L'intervention	mobilise	les processus	organisationnels	du dispositif
L'objectif	révèle	les paramètres	qualitatifs	de l'entreprise
Le diagnostic	stimule	les changements	analytiques	du groupe
L'expérimentation	modifie	les concepts	caractéristiques	du projet
La formation	clarifie	les savoir-faire	motivationnels	des bénéficiaires
L'évaluation	renouvelle	les problèmes	pédagogiques	de la hiérarchie
La finalité	identifie	les indicateurs	représentatifs	des pratiques
L'expression	perfectionne	les résultats	participatifs	de la démarche
Le management	développe	les effets	cumulatifs	des acteurs
La méthode	dynamise	les blocages	stratégiques	de la problématique
Le vécu	programme	les besoins	neurolinguistiques	des structures
Le recadrage	ponctue	les paradoxes	systémiques	du métacontexte

* Document anonyme circulant dans de grandes entreprises françaises depuis la fin des années quatre-vingt-dix.

Table

Dans la même collection

La Découverte/Poche

Littérature et voyages

Fadhma Amrouche, *Histoire de ma vie.*

Taos Amrouche, *Le grain magique.*

Ibn Batûtta, *Voyages* (tome 1).

Ibn Batûtta, *Voyages* (tome 2).

Ibn Batûtta, *Voyages* (tome 3).

Louis-Antoine de Bougainville, *Voyage autour du monde.*

René Caillié, *Voyage à Tombouctou* (tome 1).

René Caillié, *Voyage à Tombouctou* (tome 2).

James Cook, *Relations de voyage autour du monde.*

Hernan Cortés, *La Conquête du Mexique.*

Homère, *L'Odyssée.*

Jean-François de Lapérouse, *Voyage autour du monde sur* l'Astrolabe et la Boussole.

Bartolomé de Las Casas, *Très brève relation de la destruction des Indes.*

Louis-Sébastien Mercier, *L'An 2440, Rêve s'il en fut jamais.*

Louis-Sébastien Mercier, *Le tableau de Paris.*

Louise Michel, *La Commune, Histoire et souvenirs.*

Martin Nadaud, *Léonard, maçon de la Creuse.*

Mongo Park, *Voyage dans l'intérieur de l'Afrique.*

Marco Polo, *Le devisement du monde, le livre des merveilles* (tome 1)

Marco Polo, *Le devisement du monde, le livre des merveilles* (tome 2)

Inca Garcilaso de la Vega, *Commentaires royaux sur le Pérou des Incas* (tome 1)

Inca Garcilaso de la Vega, *Commentaires royaux sur le Pérou des Incas* (tome 2)

Inca Garcilaso de la Vega, *Commentaires royaux sur le Pérou des Incas* (tome 3)

Essais

Mumia Abu-Jamal, *En direct du couloir de la mort.*

Rochdy Alili, *Qu'est-ce que l'islam ?*

La Découverte/Poche

Michel Authier et Pierre Lévy, *Les arbres de connaissances.*

Louis Barthas, *Les carnets de guerre de Louis Barthas, tonnelier, 1914-1918.*

Michel Beaud, *Le basculement du monde.*

Paul Blanquart, *Une histoire de la ville.*

Augusto Boal, *Jeux pour acteurs et non-acteurs.*

Augusto Boal, *Théâtre de l'opprimé.*

Lucian Boia, *La fin du monde.*

Philippe Breton, *L'utopie de la communication.*

François Burgat, *L'islamisme en face.*

Ernesto Che Guevara, *Journal de Bolivie.*

Daniel Cohn-Bendit, *Une envie de politique.*

Gustave Folcher, *Les carnets de guerre de Gustave Folcher, paysan Languedocien, 1939-1945.*

Daniel Guérin, *Ni Dieu ni Maître* (tome 1).

Daniel Guérin, *Ni Dieu ni Maître* (tome 2).

Roger-Henri Guerrand, *Les lieux.*

Roger-Henri Guerrand, *L'aventure du métropolitain.*

Jean Guisnel, *Guerres dans le cyberespace.*

Joseph Klatzmann, *Attention statistiques !*

Paul R. Krugman, *La mondialisation n'est pas coupable.*

Pierre Larrouturou, *Pour la semaine de quatre jours.*

Jean-Pierre Le Goff, *Les illusions du management.*

Pierre Lévy, *L'intelligence collective.*

Pierre Lévy, *Qu'est-ce que le virtuel ?*

Paul Lidsky, *Les écrivains contre la Commune.*

André L'Hénoret, *Le clou qui dépasse.*

Alain Lipietz, *La société en sablier.*

Sven Ortoli et Jean-Pierre Pharabod, *Le cantique des quantiques, Le monde existe-t-il ?*

Daya Pawar, *Ma vie d'intouchable.*

Paulette Péju, *Ratonnades à Paris.*

Jeremy Rifkin, *La fin du travail.*

Bertrand Schwartz, *Moderniser sans exclure.*

Victor Serge, *L'an I de la révolution russe.*

Maryse Souchard, Stéphane Wahnich, Isabelle Cuminal, Virginie Wathier, *Le Pen-les mots.*

Benjamin Stora, *La gangrène et l'oubli.*

Michel Wieviorka, *Une société fragmentée ?*
Michel Wieviorka, *Le racisme, une introduction.*

Sciences humaines et sociales

Louis Althusser, *Pour Marx.*
Jean-Loup Amselle et Elikia M'Bokolo, *Au cœur de l'ethnie.*
Paul Bairoch, *Mythes et paradoxes de l'histoire économique.*
Étienne Balibar et Immanuel Wallerstein, *Race, nation, classe.*
Daniel Bougnoux, *La communication par la bande.*
Philippe Breton et Serge Proulx, *L'explosion de la communication.*
Philippe Breton, *La parole manipulée.*
Yves Clot, *Le travail sans l'homme ?*
Serge Cordellier, *La mondialisation au-delà des mythes.*
Mike Davis, *City of quartz. Los Angeles, capitale du futur.*
François Dosse, *L'empire du sens.*
Florence Dupont, *L'invention de la littérature.*
Jean-Pierre Dupuy, *Aux origines des sciences cognitives.*
Patrice Flichy, *Une histoire de la communication moderne.*
François Frontisi-Ducroux, *Dédale.*
Yvon Garlan, *Guerre et économie en Grèce ancienne.*
Jacques T. Godbout, *L'esprit du don.*
Anne Grynberg, *Les camps de la honte.*
E.J. Hobsbawm, *Les bandits.*
Camille Lacoste-Dujardin, *Des mères contre les femmes.*
Yves Lacoste, *Ibn Khaldoun.*
Bruno Latour, *Nous n'avons jamais été modernes.*
Bruno Latour et Steve Woolgar, *La vie de laboratoire.*
Prosper-Olivier Lisagaray, *Histoire de la Commune de 1871.*
Geoffrey E.R. Lloyd, *Pour en finir avec les mentalités.*
Georg Lukacs, *Balzac et le réalisme français.*
Armand Mattelart, *L'invention de la communication.*
Armand Mattelart, *La communication-monde : histoire des idées et des stratégies.*
Gérard Mendel, *La psychanalyse revisitée.*
Élisée Reclus, *L'homme et la Terre.*

Roselyne Rey, *Histoire de la douleur.*

Maxime Rodinson, *Peuple juif ou problème juif ?*

Jean-Charles Sournia, *Histoire de la médecine.*

Jean-Pierre Vernant, *Mythes et pensée chez les Grecs.*

C. Wright Mills, *L'imagination sociologique*.

La Découverte/Poche

BUSSIÈRE CAMEDAN IMPRIMERIES
GROUPE CPI

Impression réalisée sur Cameron
à Saint-Amand-Montrond (Cher)
en décembre 2000. (2e tirage).
Dépôt légal du premier tirage : 4e trim. 2000.
N° d'impression : 005621/1
Imprimé en France